왜 우리 공장은 스마트해지지 않을까

초판 1쇄 발행 2025. 4. 30.

지은이 박영
펴낸이 김병호
펴낸곳 주식회사 바른북스

편집진행 김재영
디자인 양헌경

등록 2019년 4월 3일 제2019-000040호
주소 서울시 성동구 연무장5길 9-16, 301호 (성수동2가, 블루스톤타워)
대표전화 070-7857-9719 | **경영지원** 02-3409-9719 | **팩스** 070-7610-9820

•바른북스는 여러분의 다양한 아이디어와 원고 투고를 설레는 마음으로 기다리고 있습니다.

이메일   barunbooks21@naver.com | **원고투고** barunbooks21@naver.com
홈페이지   www.barunbooks.com | **공식 블로그** blog.naver.com/barunbooks7
공식 포스트 post.naver.com/barunbooks7 | **페이스북** facebook.com/barunbooks7

ⓒ 박영, 2025
ISBN 979-11-7263-337-0 93320

•파본이나 잘못된 책은 구입하신 곳에서 교환해드립니다.
•이 책은 저작권법에 따라 보호를 받는 저작물이므로 무단전재 및 복제를 금지하며,
이 책 내용의 전부 및 일부를 이용하려면 반드시 저작권자와 도서출판 바른북스의 서면동의를 받아야 합니다.

기술, 예산, 인력… 어디서부터 시작할까

왜 우리 공장은 스마트해지지 않을까

박영 지음

기업 대표

작은 변화를
습관화하여
조직문화를 만들자

공장 관리자

쉽게 이해하는
공장운영
프로세스

실무 담당자

스마트공장에
필요한 기술과
달성방법

뜨란

프롤로그(Prologue)

조국 근대화의 기수와 일등주의

나의 초등학교와 중학교 시절은 평범하고 착한 학생이었다. 중학교 때의 일이다. 성적은 반에서는 3~5등 정도였고 저녁엔 특수반에 포함되어 야간 자습도 받아야 했다. 예전에도 명문고를 가기 위한 특수 학습인 셈이다.

나도 남들처럼 인문고등학교에 가고 싶었다. 대학교 갈 형편이 되지 않아 공업고등학교로 가기로 마음먹었다. 그 당시 공업고등학교 인기가 매우 높아, 우수한 기계공업고등학교는 인문계 명문고 수준의 대학진학이 어려운 우수한 학생들이 지원했다. 그렇게 나는 기계공업고등학교에 진학하게 되었다. 입학 시 성적은 전교 10등이었고 반에서는 아직도 1등은 아니었다. 공업고등학교는 기계, 전기, 배관용접, 화학 등 전문과목과 실습교육 위주로 짜여져 있고 교양과목 수업은 조금 편성되었다. 수업 후에는 남아서 늦게까지 실습 훈련을 해야 했다. 기능 자격증을 취득해야 좋은 실기 점수를 받을 수 있고 기업에 취업 시 유리했다. 그리고 실습 훈련을 위해 따로 실습복과 공구 등을 준비해야 했다. 우리의 실습 훈련복 왼쪽 어깨에는 조국 근대화의 기수 마크가 찍힌 명패가 달려 있었다. 조국 근대화의 기수, 듣기만 해도 다시금 설레는 말이다. 밤낮으로 열심히 노력한 결과 일 학년 중간고사에서 반에서 1등을 하였다. 태어나 처음으로 1등을 하였다. 이때 벅차오른 마음은 평생 잊을 수가 없다. 이후 고등학교 3년 내내 좋은 성적을 낼 수 있었다. 중간에 잠시 마음이 흐트러져 성적이 떨어질 때는 머리를 박박 깎고 다시 1등에 도전하고 이루어 내었다. 한 번 경험 후에는 언제든 마음먹으면 할 수 있다는 자신감이 생겼다. 이런 덕분에 고등학교 졸업 후 대기업에 입사할 수 있었다. 입사 후 5개월 만에 대학에 대한 열망으로 퇴사하여 독서실에서 자면서 공부하여 대학에 들어가게 되었다. 열심히 공부한 덕분에 S 전자에 입사하게 되었다. 입사 후 입문교육을 받고 연구실에 배치받아 신제품 개발을 하였다. 처음 설계한 부품이 조립되고 완성되어 소비자에게까지 팔릴 때는 가슴이 설레기도 했다. 신규 업체를 발굴하고 생산능력을 평가하고 품질은 높이고 비용 절감활동도 함께 하였다. 일본으로부터 수입했던 부품을 국산화하였고 이런 기술을 해외에까지 특허를 제출하여 비용 절감에 큰 기여를 할 수 있었다. 이후 제품 기술 부서로 자리를 옮겨 신제품에 대한 생산 안정화와 균일 품질을 확보하여 고객의 만족도를 높일 수 있도록 하였다. 부가적으로 국산화, 특허, 생산성, 품질 부문에서 성과를 인정받게 되었다.

새로운 도전, 열망을 품다

연구실과 제품기술의 경험으로 태국에 주재원으로 파견될 수 있었다.

낯선 환경과 언어의 어려움으로 두려움 반 설렘 반으로 초등학생 아들딸 그리고 아내와 함께 태국으로 향했다.

아이들은 국제화 학교에 입학하여 영어로 수업을 받고 아내는 현지 생활을 위해 태국어 학원을 다니고 나는 현지 공장 책임자로 업무를 배우고 실행하느라 우린 각자 아주 바쁜 시간을 보내야 했다. 입사 후 매일 먼저 출근하여 공장 내 설비를 닦고 바닥을 쓸고 이런 일들은 주재기간 5년이 넘도록 계속되었다. 처음에는 말똥말똥 쳐다보던 직원들이 1주일이 지나니 한 명이 함께 하고 1달이 지나니 서너 명이, 이렇게 스스로 참여하는 인원이 절반이 넘어선 이후에는 점차로 많은 인원이 출근하여 설비를 닦고 자기 주변을 청소하기 시작하였다. 3년 후에는 모두 자발적으로 참여하여 활동하게 되었다. 공장은 일류 호텔 수준으로 깨끗하게 되었다. 이런 조그마한 일들이 가져온 효과는 회사 내 생산성 1등, 품질 1등, 조직관리 최고의 공장으로 바뀌었다. 공장은 현지인 위주로 오퍼레이션이 가능하게 되었다. 이것이 회사가 추구하는 가장 큰 목표이기도 하다. 주재원은 최소화하고 현지인들이 공장 운영이 가능하도록 하기 위함이다. 주재를 마치고 귀임하여 재충전 후 다시 폴란드에서 근무하게 되었다. 이때는 한 가족 세 집안 살림을 하게 되었다. 아들은 미국에서, 딸은 한국에서 학교를 다니고 아내는 폴란드에서 생활하게 되었다. 폴란드는 공장 가동한 지가 얼마 되지 않아 제조의 기본부터 다시 시작해야 했다. 이곳에서도 제일 먼저 출근하여 청소부터 시작했다. 이곳은 유럽이라 청소하는 사람이 따로 있는데 왜 청소를 해야 하는지 의아해했다. 이곳에서도 계속되는 행동에 작업자들도 하나둘 따라 하기 시작했고 전 인원이 함께 하는 데는 5년이라는 시간이 필요했다. 이때는 사원 한 사람 한 사람 이름을 모두 외워서 오전에 현장을 점검하며 이름을 불러 주고 격려하였다. 서로 공감대가 형성되고 자발적인 참여와 노력으로 안전, 품질, 생산성, 비용 절감 등 모든 면에서 항상 회사 내에서 앞서게 되었고 그룹 내 생산성 대상을 차지하였고 1,500만 원이라는 부상도 함께 받을 수 있었다. 함께 노력한 본사 직원들과 현지 직원 모두에게 골고루 선물로 공평하게 나누었다. 이때는 System Based Operation과 Keep Rule and Process를 중시하였고, 새롭게 하거나 바꿀 때는 반드시 품질 Side Effects를 점검해야 했다. 간이 자동화의 추진으로 비용을 최소화하여 인력을 효율화하고 균일 품질을 확보할 수 있었다. 현지 Operation이 가능한 이후 한국으로 귀임하게 되었다. 지금도 오뉴월의 들판 가득한 유채

꽃의 절경과 달콤한 체리 맛을 잊을 수가 없다. 귀임교육을 마치고 바로 미국에서 근무하게 되었다. 미국공장 또한 진출한 지 얼마 되지 않아 생산성, 품질이 열악한 상태이었다. 인건비가 비싸다는 이유로 그간 회사 내 도입된 자동화 설비를 모두 설치하였다. 최첨단 공장이 되었다. 신규 공장에서 설비 운영능력은 매우 낮아 설비 고장 시 조치가 안 되고 장시간 라인 스톱으로 생산 차질이 빈번하게 되었다. 자동화 도입으로 작업자는 줄었지만 설비 오퍼레이터가 추가되어 오히려 비효율적이었다. 결국 자동화 설비 절반이 철거되어야 했다. 자동화도 공장 운영능력 수준에 맞추어 도입해야 한다. 작업자는 작업 중에 이야기하고 떠들고 개인 용품을 부품과 섞어놓고 부품박스 위에 앉고 아무 사유 없이 결근하고 심지어는 휴대폰 국가번호가 1번이라는 자만심으로 한국인 출장 지원자들을 무시하곤 했다. 작업 중 가까이 다가서면 왜 간섭하냐고 불만을 토로하였다. 여기서도 나는 사원들 이름을 전부 외웠다. 내가 이름을 부르고 다가서며 이야기하니 간섭이 아닌 관심으로 느끼고 호의적으로 대했다. 이것이 개선의 첫걸음이었다.

  여기서도 제일 먼저 출근하여 청소하고 설비를 점검하였다. 매일 생산을 시작하면 설비가 정지되는 일은 더 이상 발생하지 않았다. 혹시 문제가 있더라도 생산 전 미리 점검하고 조치할 수 있었기 때문이다.

  해외공장 운영은 작업자 이름을 불러주어 공감대를 형성하고 제일 먼저 출근하여 솔선수범 및 자기희생이 필요하다. 이런 활동으로 전 사원이 주인의식을 갖게 되고 습관화되어 조직문화가 형성될 수 있었다. 이것이 내가 제조공장을 운영하는 철학이다. 이런 경험과 철학을 바탕으로 깨끗하고 안전한 자동화와 시스템에 의해 운영되는 스마트공장을 만들기 위해 함께 노력하고자 이 책을 만들어 보았다.

2025년 새해에

목차

프롤로그

I. 왜 스마트팩토리가 필요한가

II. 스마트팩토리 개념

8가지 스마트 제조기술 ·· 27

III. 스마트팩토리 운영 시스템

1. MES ·· 34
2. ERP ·· 39
3. SCM ·· 42
4. PLM ·· 45
5. FEMS ·· 51

Ⅳ. 스마트 제조기술

1. AI/머신 러닝 ·· 58
2. 증강현실/가상현실 ·· 60
3. 자동화/로보틱스 ··· 62
4. 적층 제조/하이브리드 제조 ·· 64
5. 빅데이터 분석 ··· 66
6. 클라우드 컴퓨팅 ··· 73
7. IoT/에지 컴퓨팅 ··· 77
8. 시뮬레이션/디지털 트윈 ·· 81

Ⅴ. 스마트팩토리 운영 프로세스

1. 영업관리 ·· 86
2. 자재관리 ·· 91
3. 구매관리 ·· 97
4. 무역관리 ·· 104
5. 생산관리 ·· 106
6. 공정관리 ·· 110
7. 품질관리 ·· 119

VI. 스마트팩토리 운영 전략

1. 경영전략 ·· 134
2. 인력관리 ·· 137
3. 효율관리 ·· 153
4. 청결관리 ·· 159
5. 설비관리 ·· 167
6. 안전관리 ·· 184
7. 소음관리 ·· 187
8. 비용관리 ·· 197
9. 작업 전, 후의 활동 ··· 200
10. 조직문화 ·· 203
11. 목표관리 ·· 204

Ⅷ. 스마트팩토리 완성 후 모습과 기대효과

1. 생산성 향상 ·· 209
2. 품질 향상 ·· 221
3. 비용 절감 효과 ··· 230
4. 에너지 효율성 ·· 231
5. 직원만족도 향상 ·· 232
6. 고객만족도 향상 ·· 235
7. 성과와 기대효과 ·· 236
8. 효과금액 산출 방식 ··· 239

에필로그

참고자료

I.

왜 스마트팩토리가 필요한가

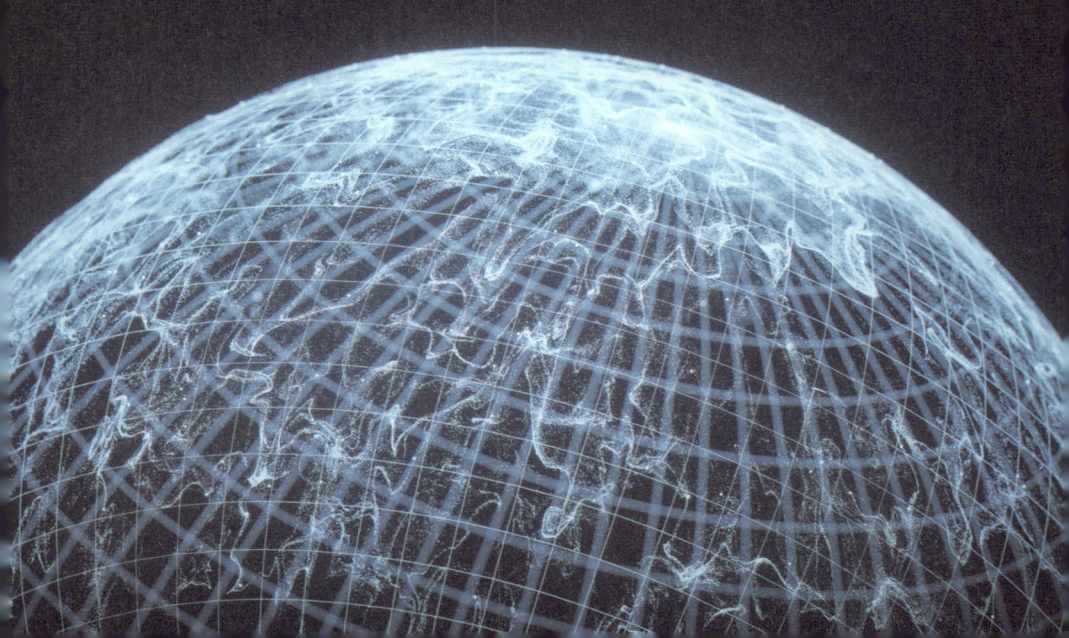

　스마트팩토리는 제조업의 효율성을 극대화하고, 품질을 향상시키며, 비용을 절감할 수 있도록 도와준다. 그 필요성은 여러 가지 이유에서 나타난다.

　1. 효율성 향상: 스마트팩토리는 자동화된 시스템과 데이터를 기반으로 운영되므로, 생산과정에서 발생할 수 있는 비효율적인 부분을 제거할 수 있다. 생산 속도가 빨라지고, 오류를 최소화할 수 있다.

　2. 비용 절감: 자동화와 데이터 기반 의사 결정 덕분에 인건비와 원자재 낭비를 줄일 수 있다. 또한, 예측 분석을 통해 자원을 효율적으로 배분하고, 불필요한 비용을 절감할 수 있다.

3. 품질 향상: 실시간 모니터링을 통해 제품의 품질을 일관되게 유지할 수 있다. 문제가 발생할 때 즉시 조치를 취할 수 있어 결함을 최소화하고, 제품의 품질을 높일 수 있다.

4. 유연한 생산: 다양한 제품을 빠르게 전환할 수 있는 유연성을 제공한다. 주문량의 변화나 시장 요구에 맞춰 생산라인을 재조정하는 것이 가능해진다.

5. 데이터 분석 및 예측: 센서와 IoT(사물인터넷) 기술을 이용해 생산라인의 모든 데이터를 수집하고 분석한다. 이를 통해 향후 생산 계획을 예측하고, 장비 고장 등을 미리 감지하여 예방할 수 있다.

6. 글로벌 경쟁력 강화: 글로벌 시장에서 경쟁력을 유지하려면 생산성과 품질을 최적화해야 한다. 스마트팩토리를 도입하면 생산 속도와 품질을 개선하여 국제 시장에서 경쟁력을 확보할 수 있다.

7. 지속 가능성: 에너지 효율성을 높이고 자원을 절약하는 기술을 적용함으로써 환경에 미치는 영향을 줄일 수 있다. 이는 기업의 지속 가능한 발전에도 기여한다.

이러한 이유들로 인해 스마트팩토리는 제조업의 혁신을 이끌어 가고 있으며, 미래 제조 환경에서 중요한 역할을 할 것이다.

II.
스마트팩토리 개념

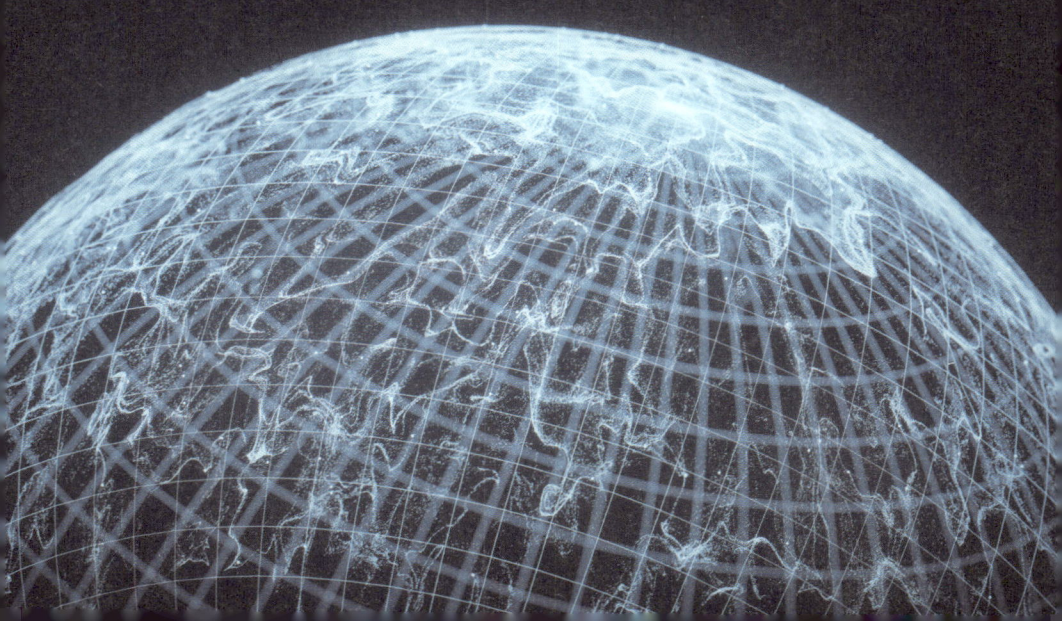

스마트공장의 정의

제품 설계·개발, 제조 및 유통·물류 등 생산과정에 디지털 자동화 솔루션이 결합된 정보통신기술(ICT)을 적용하여 생산성, 품질, 고객만족도를 향상시키는 지능형 생산공장을 말함.

스마트공장은 제품의 기획부터 판매까지 모든 생산과정을 ICT(정보통신기술)로 통합해 최소 비용과 시간으로 고객 맞춤형 제품을 생산하는 사람 중심의 첨단 지능형 공장이다.

□ 제조의 모든 단계가 자동화·정보화되고 가치사슬 전체가 하나의 공장처럼 연동되어 자율적으로 최적 솔루션을 제안하는 사이버 물리시스템 기반 지능형 공장

□ 소비자의 제품에 대한 요구를 실시간으로 제품 설계 및 생산공정에 반영하여 고객별로 다른 제품을 생산하여 제공할 수 있는 지능적이고 유연한 생산체계 지향

〈스마트공장 개념도〉

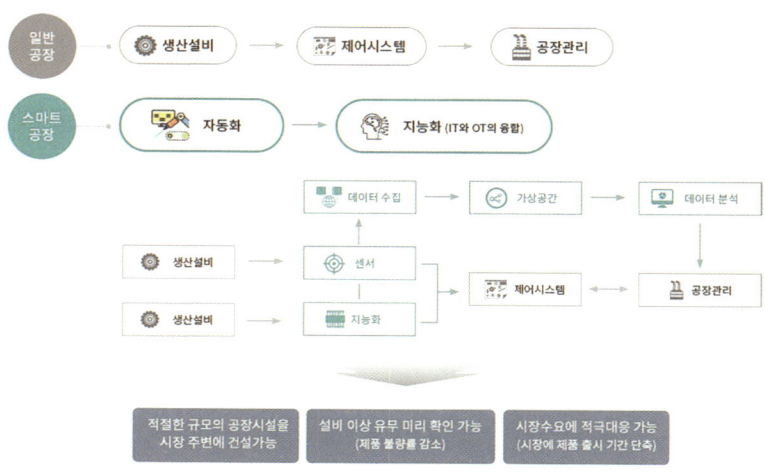

〈스마트공장의 적용 범위〉

□ 스마트공장은 제품 기획·개발부터 양산까지, 주문에서부터 완제품 출하까지 제조 관련 모든 과정을 말함.
응용 시스템뿐 아니라 현장자동화와 제어자동화 영역까지 공장 운영의 모든 부분을 포함하는 것

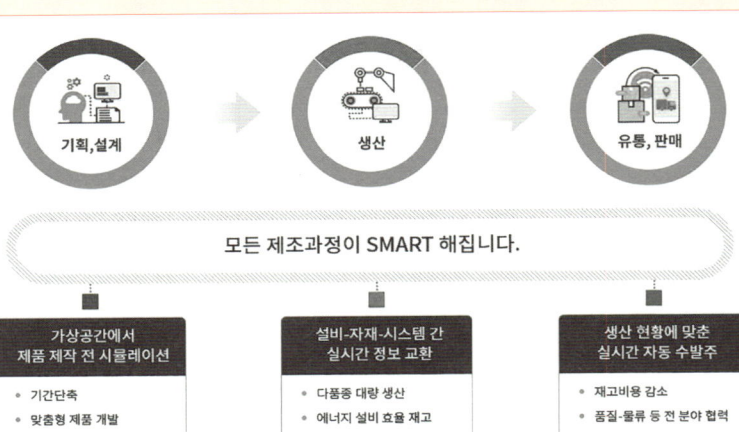

〈스마트공장 적용 범위 프로세스〉

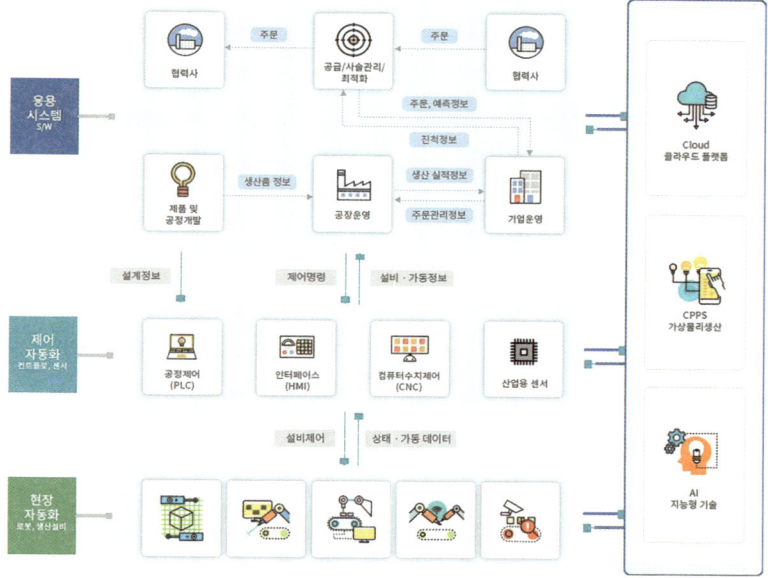

<스마트공장 도입수준의 정의>

수준 정의	기존 수준	표준	Io 대상	특성	조건 (구축 수준)	주요 도구
Level 5	고도화	자율 운영	작업자, 설비 자재, 운전조건 + 환경	맞춤 및 자율 (Customized)	모니터링부터 제어 최적화까지 자율로 진행	인공지능 AR/VR, CPS 등
Level 4	중간 2	최적화	작업자, 설비, 자재, 운전조건	최적화 (Optimized)	공정운영 시뮬레이션을 통해 사전 대응 가능	센서 제어기 최적화 도구
Level 3	중간 1	제어	작업자, 설비, 자재	분석 (Analysed)	수집된 정보를 분석하여 제어 가능	센서 + 분석 도구
Level 2	기초	모니터링	작업자, 설비, 자재	측정 (Measured)	생산정보의 모니터링이 실시간 가능함	센서
Level 1		점검	자재	식별 (Identified)	부분적 표준화 및 데이터 관리	바코드 RFID

<스마트공장의 도입절차>

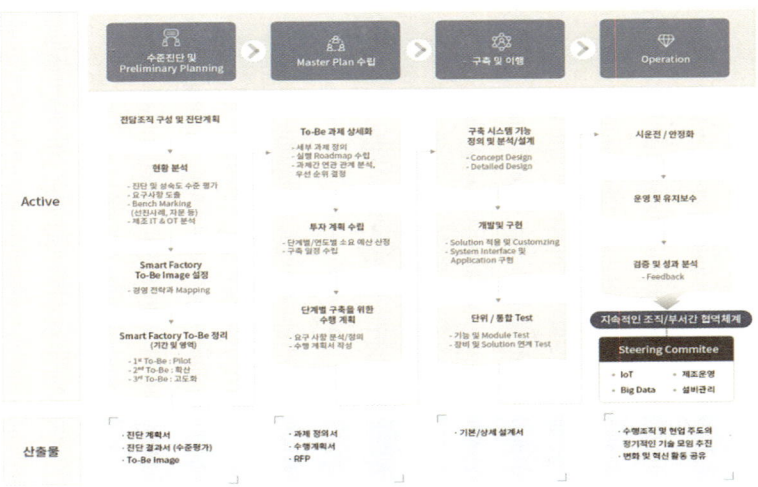

24 왜 우리 공장은 스마트해지지 않을까

스마트공장의 적용 기술

[현장 자동화 · 공장 운영] 제조실행시스템
(Manufacturing Execution System)

제품 생산과정에서 생산계획 수립, 작업지시, 공정관리, 생산추적 및 이력 집계를 통한 생산성과분석 등의 기능을 수행하는 시스템

➡ 제품 품질개선 및 생산관리의 효율화를 통해 생산성 향상 효과

[기업자원관리] 전사적자원관리
(Enterprise Resource Planning)

기업 전반에 걸쳐 인사, 재무, 회계, 재고, 구매, 거래 등의 주요 업무 프로세스와 자원을 관리하는 시스템

➡ 업무 프로세스 개선 및 자원(자재, 재고 등) 관리 효율화 효과

[공급사슬관리] 공급사슬관리
(Supply Chain Management)

공급망(Supply Chain)에 있는 기업 간에 제품, 정보 등의 재화가 이동하는 과정을 계획하고 관리하는 시스템

- (계획 기능) 수요계획·운송계획·재고계획 등, (관리 기능) 주문관리·물류관리

  ➡ 납기 준수율 향상의 효과

[제품개발] 제품수명주기관리
(Product Lifecycle Management)

제품의 전 생명주기에 걸쳐 제품 관련 정보와 프로세스를 관리하여 개발을 효율적으로 수행 가능하도록 하는 솔루션

- 제품 설계, 개발, 생산, 유통, 유지보수, 폐기까지의 과정
  ➡ 제품 설계 기간의 단축, 제품 설계 데이터 관리 강화 등의 효과

[에너지관리] 공장에너지관리
(Factory Energy Management System)

제조 과정에서 에너지 효율을 향상시키기 위해 공장의 에너지 관련 모니터링, 데이터 취합 및 분석, 최적 제어를 수행하는 시스템

➡ 에너지 절감 효과

8가지 스마트 제조기술

　스마트 기술은 지속적으로 발전하고 있다. 5G를 예로 들어보면, 스마트 제조에 새로운 5G 통신 네트워크가 반드시 필요하지는 않다. 그러나 5G를 통해 하드웨어 및 와이파이(Wi-Fi)에 대한 의존도를 줄이고 설정을 단순화할 수 있을 뿐만 아니라 4G보다 더 큰 대역폭을 제공한다.

　다음의 기술들은 첨단 스마트 제조의 원칙을 구성하는 것이지만, 별개의 기술은 아니다. 장치, 기계 또는 시스템에 여러 가지 기술이 통합된 경우가 매우 많다. 예를 들어, IoT 디바이스에는 무선으로 클라우드에 연결되는 센서를 비롯해 AI가 내장된 프로세서도 있어 알림을 보내거나 프로세스 결정을 독립적으로 내릴 수 있다.

1) AI/머신 러닝

AI/머신 러닝은 스마트 제조 데이터 분석과 함께 진행되므로 사람보다 훨씬 빠르게 데이터를 처리하고 데이터의 패턴을 인식할 수 있다. 일정 수준의 AI는 종종 스마트팩토리의 코봇 및 기타 로봇 시스템에 내장된 경우가 많다.

AI의 가격이 하락함에 따라 에지 컴퓨팅 IoT 장치와 스마트팩토리 기계의 마이크로프로세서에도 사용되고 있다. AI 기반 컴퓨터 비전은 공장의 영상에서도 인사이트를 얻을 수 있다.

2) 증강현실/가상현실

증강현실(AR)과 가상현실(VR) 애플리케이션은 스마트 제조 활용 사례가 각각 다르다. 특히 현재로서는 근로자 간 커지는 기술 격차를 메우기 위한 현장교육과 관련이 있다. 코로나19 사태가 시작된 이후, 스마트 제조 부문은 수리 및 다른 안내를 위한 원격 전문 지식 교육과 도입을 위해 AR/VR 부문에 전념했다.

3) 자동화/로보틱스

스마트 제조업의 로보틱스 사용도 더욱 다양해지고 협업이 늘어나고 있다. 로봇과 자동화 기계의 AI, 자율적인 의사 결정, 감지 능력, 의사소통 능력, 이동성 수준은 다양하다. 그러나 일반적으로 스마트 제조에서는 로보틱스 시스템이 많은 데이터를 수집하고 클라우드와 스마트공장과 대규모로 잘 연결돼 있다.

4) 적층 제조/하이브리드 제조

3D 프린팅이라고도 불리는 적층 제조는 프로토타이핑을 빠르게 제작하는 데 혁신을 일으켰으며, 이제 전통적인 제조 방식을 완제품으로 보완하거나 소규모 건물이나 교량 등의 인프라까지 보완해 왔다. 최종적으로는 대량 생산에도 사용될 것이라고 예상된다. 한편, 하이브리드 제조는 메탈 적증 제조를 단일 기계에서 절삭 가공 방식과 결합해 재료 낭비를 더 줄이고 부품을 빠르게 생산할 수 있다.

5) 빅데이터 분석

빅데이터는 스마트 제조의 다른 모든 부분에 영향을 주며, 경우에 따라 데이터는 기술의 '스마트' 측면을 정의한다. 데이터 중심의 스마트 제조는 머신 러닝을 지원하며 스토리지와 프로세스에 클라우드를 사용한다. 그러나 빅데이터 분석은 공장 현장을 넘어선 스마트 제조 분야에 있어서도 중요하며 물류, 위험 평가, 비용 구조, 성장 전략, 품질관리 및 개선, 주문 제작 및 기타 판매 패턴, 애프터 서비스 등의 의사 결정을 알려주는 핵심 요소이다.

6) 클라우드 컴퓨팅

클라우드 컴퓨팅을 통해, 외부 서버에서 AI/머신 러닝 알고리즘을 사용해 IoT 센서 데이터를 저장하고 분석할 수 있다.

7) IoT/에지 컴퓨팅

스마트 제조 장치, 기계, 로봇 등은 일반적으로 IoT에 포함되며, 이는 분석을 위해 데이터를 업로드하는 무선 네트워크 연결 센서도 포함돼 있음을 의미한다. 센서의 가격이 낮아짐에 따라 IoT 장치에 포함된 저가 프로세서가 급증하고 있으며, 이는 클라우드에 업로드하기 전에 로컬에서 컴퓨팅 작업을 수행할 수 있다는 것을 의미한다. 이를 에지 컴퓨팅이라고 한다. IIOT(Industrial Internet Of Things, 산업용 사물인터넷)라는 용어는 일반적으로 비용과 낭비를 줄이는 입력 데이터를 기반으로 예측 의사 결정을 수행할 수 있는 생산라인의 IoT 머신을 의미한다.

8) 시뮬레이션/디지털 트윈

스마트 제조는 시뮬레이션 소프트웨어를 사용해 제조 전에 디지털 방식으로 테스트, 검증 및 최적화를 할 수 있는 물리적 부품 및 제품의 '디지털 트윈(Digital Twin)'을 만든다. 시뮬레이션은 디지털 트윈의 물리적 표현이 정밀할수록 가치가 높아진다.

III.
스마트팩토리 운영 시스템

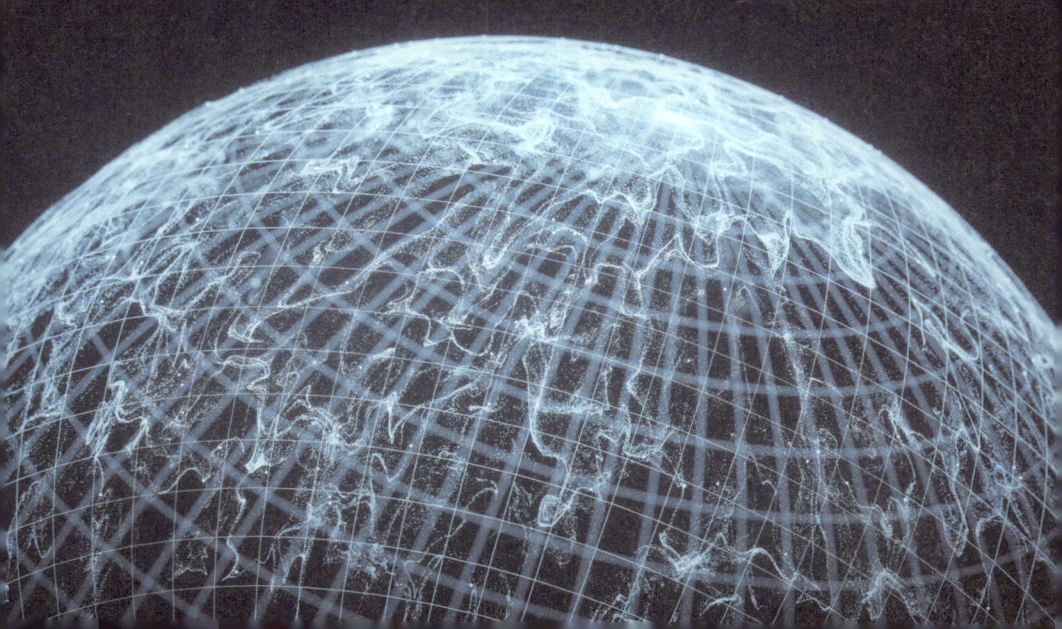

1. MES

1) MES란

제조실행시스템(MES, Manufacturing Execution System)은 제조업체의 공장 관리를 위한 개념이자 구현 도구다.

이는 1990년대 초 미국의 매사추세츠주 보스턴시에 소재한 컨설팅회사 AMR(Advanced Manufacturing Research)에서 최초로 소개 제조업의 시스템 계층 구조를 계획 – 실행 – 제어의 3계층으로 구분, 그중 실행의 기능을 MES로 정의했다.

국제 MES협회인 MESA(Manufacturing Execution System Association)에 의하면, MES는 주문에서 제품 생산에 이르기까지 관련 정보를 제공해 가장 효과적으로 활용할 수 있도록 하며, 현장의 정확한 데이터를 사용함으로써 데이터들이 발생할 때마다 현장의 활동을 관리, 착수, 응답, 보고하는 생산실행관리 시스템이다.

2) MES의 도입 효과

제조 현장과 주변 시스템의 통합, 최적화한 생산 활동 지원, 생산 현장의 실시간(Real Time) 정보 통합, 통합 정보의 활용으로 최적의 의사 결정 지원 등에 의한 통합화와 최적화한 생산 활동을 지원하게 된다. 생산성 지표 향상, 품질 향상, 원가 절감과 가격경쟁력 제고, 납기(Delivery) 단축과 준수, 유연성(Flexibility) 증대 등에 의한 생산성 개선으로 기업경영에 기여하게 된다.

3) MES의 기능

- 자원 할당과 상태 관리(Resource Allocation Status)
- 작업과 상세 일정 관리(Operation/Detail Scheduling)
- 생산 단위 분배(Dispatching Production Units)
- 문서 제어(Document Control)
- 데이터 집계와 취득(Data Collection/Acquisition)
- 근로 관리(Labor Management)
- 품질관리(Quality Management)

- 공정관리(Process Control)
- 유지보수 관리(Maintenance Management)
- 생산추적과 이력(Product Tracking and Genealogy)
- 실행 분석(Performance Analysis)

4) MES vs ERP

ERP는 완료 후 처리 방식, MES는 실시간 처리 방식이다.

모든 일을 완료한 후 결과를 입력하는 것이 바로 **ERP**의 완료 후 처리 방식이다.

MES는 생산과정 중간중간 계속해서 실시간으로 데이터를 수집하고 관리하기 때문에, 이러한 생산과정에서 발생하는 모든 이슈에 대해 기록이 남고 컨트롤할 수 있다.

〈수기작업 공장〉

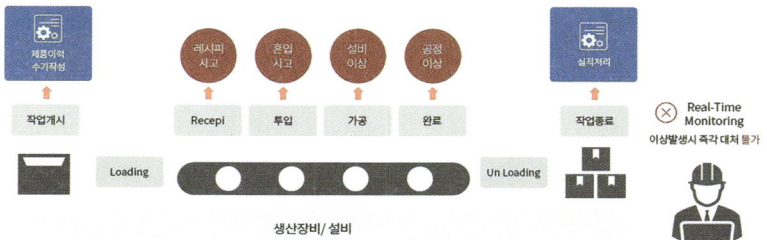

〈MES 도입 공장〉

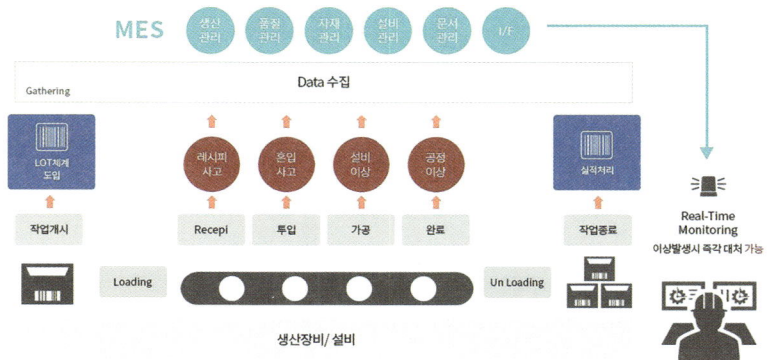

Ⅲ. 스마트팩토리 운영 시스템

〈MES〉

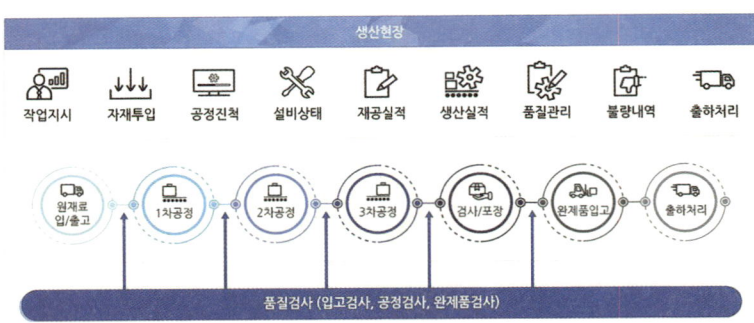

2. ERP

1) ERP(Enterprise Resource Planing)

전사적 자원계획이라는 의미로 조직의 경영활동을 운영할 수 있도록 지원해 주는 시스템

➡ 조직의 한정된 자원을 적절하게 기업경영에 적용하여 조직의 경영합리화를 지원하는 것
- 재무, 인사관리, 제조, 공급망, 서비스, 조달 등 비즈니스의 여러 부문에서 자동화와 프로세스를 지원해 운영 효율성 향상 지원시스템
- 현재 및 미래의 ERP는 클라우드, AI 등과 같은 최신 기술을 활용하여 자동화, 효율성 향상 등의 효과 기대
- 기업 내부뿐만 아니라 글로벌하게 네트워크 연결까지 지원하여 경쟁력 확보를 위한 협업역량 지원 가능
- 과거의 ERP 시스템들은 해당 분야의 업무처리, 정보가공 하여 의사

결정을 지원함. 개별적으로 운영됨에 따라 정보가 연계되지 않아 불편함이 존재하였음.

2) ERP(Enterprise Resource Planning)의 도입목적

전체 경영자원을 하나의 체계인 통합적 시스템으로 구축하여 생산성을 극대화하기 위한 대표적인 기업 리엔지니어링 기법

- ERP를 도입하여 업무처리 능률을 극대화하기 위한 선진 프로세스와 ICT 기술을 적용할 수 있는 효과를 얻을 수 있음.
- 급변하는 경영환경 변화와 정보기술의 발전에 대응하기 위한 기업의 고민을 해결해 줄 수 있음.

3) ERP 구성요소

ERP 구성요소	내용
재무 모듈	- 기업 내 여러 부문의 수익 및 비용 자료와 같은 재무정보를 실시간으로 추적하여 재고변동, 미수금 및 미지급금, 세금, 외환 등에 관한 자료를 실시간으로 제공하는 일종의 관리 회계 기능 수행
물류 모듈	- 운송, 재고, 창고관리 등 물류활동과 관련된 업무를 관리 및 물류 기능을 실시간으로 판매, 제조, 재무와 연계시키고, SCM 기능 수행
인사관리 모듈	- 근로자의 채용, 투입, 훈련 등 인적자원의 관리에 관한 모듈
구매 모듈	- 공급자의 평가, 구매품의 반입과정 등을 관리 - 제품생산에 필요한 자재 소요량을 계획하는 MRP, 유지, 보수, 가동을 위해 필요한 MRO의 구매계획과 연결됨.
고객주문관리 모듈	- 주문 접수, 확약, 그리고 주문이행 등의 관리 - 자료를 판매 데이터베이스에 축적시켜 주문처리 모듈이라고도 함.
생산 모듈	- 자재소요계획, 생산지시, 재공품관리, 현장통제, 원가기록 등의 기능을 제공함. - 특히 제품생산과정을 파악하고 고객주문관리와 연계하여 실시간으로 배송확약을 가능하게 함.
자재관리	- 생산에 필요한 자재의 확보, 보관, 이동, 활용 등 전반적 과정을 합리적으로 관리함. - 생산계획에 따른 생산 활동이 원활히 진행되도록 지원함.
자산관리	- 고정 자산의 효과적 관리, 생산차원은 기업 경쟁전략의 필수적인 요소임.

3. SCM

1) 공급사슬(Supply Chain)

- 원자재를 최종 고객한테 완제품으로 전달하는 과정에서 거래관계로 연관되어 있는 기업들의 네트워크를 비롯해, 여기에 포함되어 있는 자재, 인적자원, 정보, 프로세스 등을 포괄하는 개념(기업 간 네트워크)

〈공급사슬 구조〉

원자재   공급업체   제조업체   유통업체   판매업체   고객

➡ 원자재 및 부품의 확보에서부터 시작해서 제품 생산 단계와 유

통/판매 단계를 거쳐 최종적으로 고객에게 전달

〈기업 간 네트워크〉

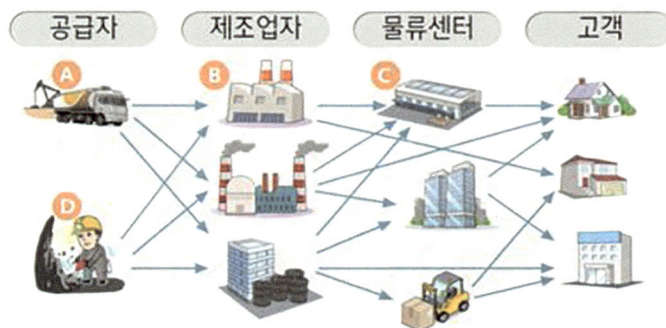

➡ 기업의 비즈니스 네트워크의 복잡성
- 단독으로 존재하기 어려운 비즈니스 주체들
- 대부분의 비즈니스는 수많은 기업들이 상호 관계를 맺으며 운영

2) 공급사슬관리(Supply Chain Management)

- 공급사슬관리: 고객 서비스 수준을 만족시키면서 시스템의 전반적인 비용을 최소화할 수 있도록 제품이 정확한 수량으로, 정확한 장소에, 정확한 시간에 생산과 유통이 가능하게 하기 위하여 공급자, 제조업자, 창고·보관업자, 소매상들을

효율적으로 통합하는 데 이용되는 일련의 접근법

3) 공급사슬의 주요 시사점

- 공급사슬의 총비용 및 관련된 모든 설비의 고려 필요
- 공급사슬 시스템 전체 범위의 효율성과 비용 효과성 필요
    - 통합적 최적화 즉, 시스템 관점의 접근
- 기업 활동의 여러 수준과 연계 필요
    - 전략적 수준: 기업의 우선경쟁력을 고려한 공급사슬의 전략적 방향
      공급사슬의 설비 수, 위치선정, 제품 설계
    - 전술적 수준: 공급사슬 총비용 최적화를 위한 생산, 재고, 운송 등의 통합적 계획
- 설비별 생산계획 및 재고배치계획, 운송계획 등
    - 운영적 수준: 공급사슬계획을 실제 수행하기 위한 운영적 수준의 의사 결정과 활동
      인력 배정, 일일생산량, 재고수준 설정, 배차계획 등

4. PLM

1) 제품수명주기 관리
(Product Lifecycle Management)

모든 조직이 경쟁 우위를 확보하기 위해 더 나은 제품과 서비스를 제공하기 위해 경쟁하는 오늘날, 빠르게 변화하는 세상에서 기업은 제품수명주기를 관리할 수 있는 올바른 도구를 확보해야 한다.

PLM(제품수명주기 관리)은 제품 구상부터 폐기까지 제품을 관리하는 프로세스다. 여기에는 제품계획, 디자인, 개발, 테스트, 출시, 마지막으로 제품 폐기를 포함한 다양한 활동이 포함된다.

PLM은 적시에 올바른 결정을 내려 제품 라이프사이클의 모든 단계에서 가치를 극대화하는 것이다.

2) 제품수명주기 관리에 대한 이해를 돕기 위한 몇 가지 주요 통찰력

PLM은 전략적 접근 방식이다

PLM은 제품 라이프사이클을 관리하기 위한 전략적 접근 방식이며, 제품이 시장에 성공적으로 출시되도록 하려면 다양한 기능을 갖춘 팀이 함께 협력해야 한다. 이는 제품 관리자, 엔지니어, 디자이너, 마케팅 담당자 등 제품 라이프사이클에 관련된 모든 사람이 함께 협력하여 제품이 고객 요구사항을 충족하고 고품질이며 적시에 배송되도록 해야 함을 의미한다.

PLM은 협업에 관한 것이다

협업은 성공적인 PLM의 핵심이다. 제품 라이프사이클에는 매우 다양한 이해관계자가 참여하므로 모든 사람이 동일한 목표를 향해 노력할 수 있도록 협업적인 접근 방식을 갖는 것이 필수적이다. 이는 팀이 데이터를 공유하고, 효과적으로 의사소통하고, 협력하여 발생하는 모든 문제를 해결할 수 있어야 함을 의미한다.

PLM은 출시 기간을 단축하는 데 도움이 된다

PLM은 프로세스를 간소화하고 모든 사람이 함께 작업하도록 함으로써 조직이 출시 기간을 단축하는 데 도움을 줄 수 있다. 이는 제품을 더 빠르게 출시할 수 있어 기업이 경쟁 우위를 확보할 수 있음을 의미한다.

PLM은 제품 품질개선에 도움이 된다

PLM은 조직이 제품 품질을 개선하는 데도 도움이 될 수 있다. 모든 사람이 함께 일하고 프로세스를 간소화하면 제품 수명주기 동안 발생하는 모든 문제를 더 쉽게 식별하고 신속하게 해결할 수 있다.

PLM은 비용 절감에 도움이 된다

마지막으로 PLM은 조직의 비용 절감에 도움이 될 수 있다. 프로세스를 간소화하고 모든 사람이 함께 작업하도록 함으로써 낭비를 줄이고 재작업을 줄이며 제품이 시간과 예산 범위 내에서 제공되도록 할 수 있다.

예를 들어 자동차를 제조하는 회사에서는 PLM을 사용하여 새 자동차의 수명주기를 관리할 수 있다.

PLM 프로세스에는 자동차 설계부터 테스트, 출시, 최종 폐기까지 모든 과정이 포함된다. PLM을 사용함으로써 회사는 자동차가 고객 요구사항을 충족하도록 설계되었는지, 고품질인지, 적시에 출시되었는지, 최종적으로 책임 있는 방식으로 폐기되었는지 확인할 수 있다.

3) PLM 영향 범위

PLM은 기업의 전략개선과 프로세스 자동화 그리고 IT 기술의 발달에도 영향을 미치고 있다. 각 영향 요소들을 간단히 정리하면 다음과 같다.

특징	설명
전략 개선	글로벌 공급망을 활용하여 수평적인 통합이 가능하다. 또한 기술 및 자원의 재활용을 통해 모듈 및 플랫폼 기반의 제조가 가능하다.
프로세스 자동화	제품의 생산에 필요한 복잡한 프로세스를 효과적으로 관리하고 자동화시킬 수 있다(표준화 문서, Traceability의 향상).
IT 기술	데이터의 교환표준을 통해 복잡한 서비스 및 Application의 통합이 가능하다. 이를 통해 장기간 기업의 주요 자산을 저장할 수 있다.

제품의 요구사항과 테스트 결과를 PLM으로 관리하면 향후 추적 관리가 용이하다. 이를 통해 제품 유지보수 비용을 감소시킬 수 있으며 각 정부의 규제에 효과적인 대응을 위한 자료로 활용할 수도 있다.

4) PLM 관리범위

PLM의 주요 기능을 제품의 생애주기 및 이해관계자를 중심으로 다른 시스템들과 비교하면 다음과 같다.

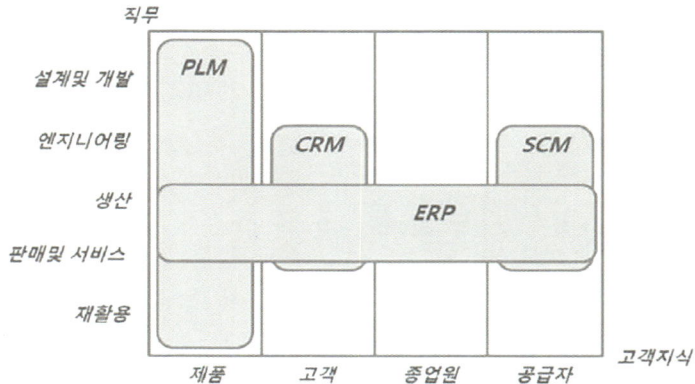

그림과 같이 PLM은 제품의 라이프사이클 전체와 관련이 있다. 이와 비교하여 CRM, SCM, ERP 도구들이 차지하는 영역의 서로 다르다. 따라서 고객이나 종업원 그리고 외부 공급자를 통합 관리하기 위해서는 다른 도구를 함께 활용하는 것이 중요하다.

5) PLM 주요 기능

제품수명주기 도구는 영업/마케팅, 개발, 구매, 제조 및 서비스의 부서별로 라이프사이클에 따라 제공하는 기능을 나누어 볼 수 있다. 아래 표는 부서별 PLM의 주요 기능을 정리한 것이다.

주요 기능	설명
영업/마케팅 부서	제품의 기획 및 초기 요구사항을 관리
개발	제품 설계정보, 품질 및 테스트 이력 관리, 변경점 관리, 제품정보관리 및 신뢰성 관리도구로서의 기능
구매	외주 생산이나 구매 그리고 부품 정보를 관리하며, 협력업체와의 업무 자료 등의 공유 및 이력 관리 도구로 활용
제조	제품의 제조정보, E-BOM, M-BOM 간 연계성을 추적 유지 관리한다.
서비스	제품 출시 후 시장에서의 품질문제, A/S 이력 등의 사후 지원도구로 이용한다.

5. FEMS

1) 공장에너지관리
(Factory Energy Management System)

공장 에너지 관리 시스템(FEMS)은 산업 시설 내 에너지 소비를 모니터링, 관리 및 최적화하기 위한 포괄적인 솔루션이다. FEMS는 실시간 데이터를 수집하고 분석하며 에너지 낭비를 최소화하기 위한 제어 전략을 시행하기 위해 ICT를 적극적으로 활용한다.

2) FMES의 중요성

FEMS는 공장에서 에너지 요금을 줄이고 탄소 발생량을 줄이며 전반적인 운영 효율성을 향상시키기 때문에 중요하다. 에너지 소비를 적극적으로 관리함으로써 공장은 ESG가 강조되는 최근의 경영환경에서 경쟁력을 유지할 수 있게 도와준다.

3) FEMS 구성요소

센서 및 데이터 수집

FEMS는 공장 내에 전략적으로 배치된 센서 네트워크에 의존하여 전력을 소비하는 다양한 프로세스에 대한 데이터를 수집한다. 이러한 센서는 연속적으로 데이터를 중앙 시스템으로 전송하여 분석한다.

데이터 분석 및 모니터링

수집된 데이터는 실시간으로 분석되어 공장 관리자가 에너지 소비 패턴을 모니터하고 개선 가능한 영역을 식별할 수 있도록 한다.

제어 및 자동화

FEMS는 데이터 분석을 기반으로 자동 조절을 수행한다. 예를 들어 HVAC 시스템, 조명 및 기계 작동을 최적화하여 에너지 사용을 최소화할 수 있다.

4) FEMS 작동 원리

데이터 수집

FEMS 작동의 첫 번째 단계는 데이터 수집이다. 센서는 전기 사용, 온도 및 생산 출력과 같은 매개 변수에 대한 데이터를 수집한다.

데이터 분석

수집된 데이터는 추세, 이상 징후 및 에너지 소비 패턴을 식별하기 위해 분석된다. 이 분석은 시스템에 개선 가능한 영역을 알려준다. 현황 분석은 에너지 소비, 제품 생산, 환경 현황을 다각적으로 분석해 원단위, 효율, 원가 등의 성능지표 결과를 신속하게 제공하고 낭비요소와 같은 문제점을 파악할 수 있도록 한다.

최적화 및 제어

분석을 기반으로 FEMS는 에너지 소비를 최적화하기 위한 조치를 취한다. 설정을 조정하거나 이상 징후에 대한 알림을 트리거하며 에너지 절약을 위해 비필수 장비를 중지할 수 있다. 특히 수요 예측은 에너지 낭비를 최소화하는 조치를 사전에 취해 에너지 절감을 극대화하는 기술이다.

※ 다양한 정보분석으로 일기예보를 하고 예보된 정보를 활용해 날씨 변화에 미리 대비하는 것과 같은 개념이다.

에너지 수요 공급 최적화는 에너지를 소비하는 제품 생산공정이나 설비에서 필요로 하는 수요만큼만 에너지를 공급해 낭비를 최소화하는 것으로, 설비 운전 최적화 가이드 및 제어 알고리즘 등의 기술을 활용한다.

5) FEMS 구현의 이점

에너지 절감

FEMS의 주요 이점 중 하나는 상당한 에너지 절감이다. 공장은 에너지 소비를 효율적으로 관리함으로써 에너지 요금을 줄일 수 있으며 이는 경제적 이익에 긍정적인 영향을 미친다.

비용 절감

에너지 비용 절감은 에너지 절감과 함께 간접적으로 이루어진다. 에너지 사용을 최적화함으로써 공장은 자원 할당을 더 효율적으로 수행할 수 있다.

환경영향 감소

FEMS는 탄소 배출을 줄이고 자원을 보존함으로써 환경 지속 가능성에 기여한다. 이는 기후 변화 대응을 위한 전 세계적인 노력과 부합된다.

6) 구성도

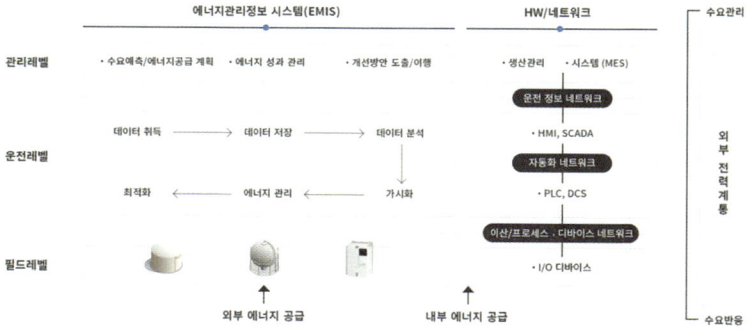

7) 스마트공장 시스템과 FEMS

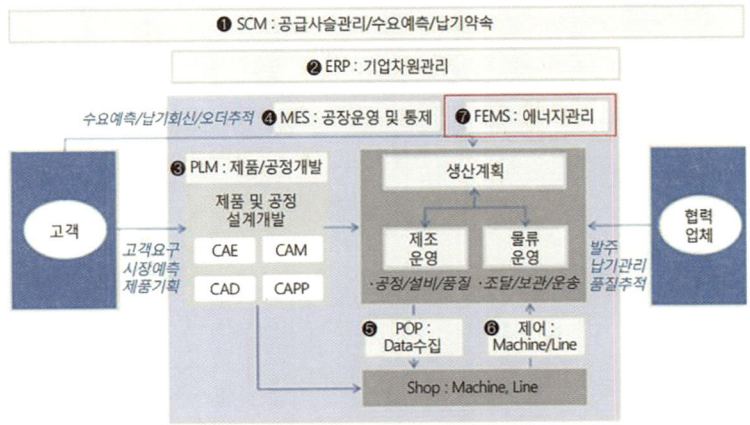

IV.

스마트 제조기술

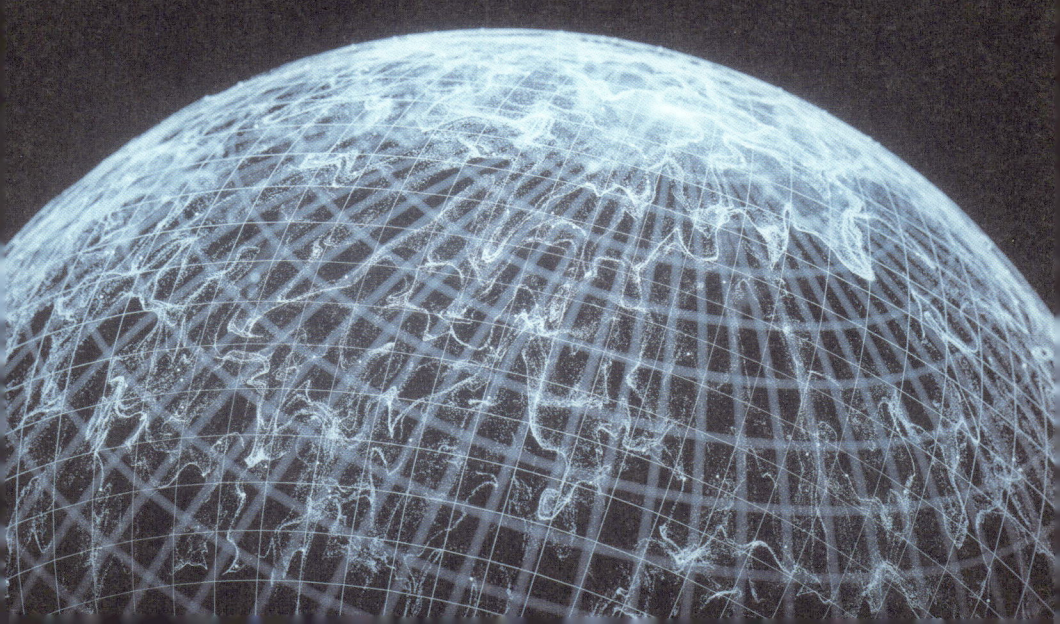

1. AI/머신 러닝

머신 러닝과 딥러닝 모두 데이터를 분류하는 데 사용하는 기술이지만 두 기술의 가장 큰 차이점은 바로 사람의 개입 여부이다.

머신 러닝은 주어진 데이터를 인간이 먼저 처리한다.

사람이 먼저 컴퓨터에 특정 패턴을 추출하는 방법을 지시하고, 그 이후 컴퓨터가 스스로 데이터의 특징을 분석하고 축적한다.

이렇게 축적된 데이터를 바탕으로 문제를 해결하도록 한다.

예를 들어 사람이 먼저 개와 고양이의 사진을 보고 개와 고양이의 특징을 추출한 후 많은 예시를 통해 컴퓨터를 학습시키고 식별하게 만든다.

딥러닝은 머신 러닝에서 사람이 하던 패턴 추출 작업이 생략된다. 컴퓨터가 스스로 데이터를 기반으로 학습할 수 있도록 정해진 신경망을 컴퓨터에 주고, 어린아이가 학습하는 것처럼 경험 중심으로 학습을 수행한다. 즉, 인간이 개, 고양이의 특성을 추려 사전에 정의된 알고리즘과 규칙을 적용하는 머신 러닝과 달리, 딥러닝에서는 심층 신경망을 통해 스스로 개, 고양이의 특성을 훈련하여 개와 고양이를 분류할 수 있다.

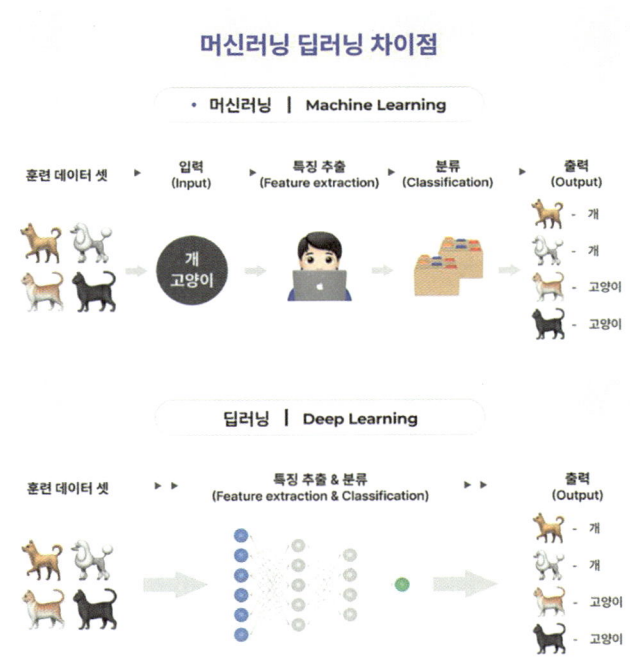

2. 증강현실/가상현실

증강현실(AR)과 가상현실(VR) 애플리케이션은 스마트 제조 활용 사례가 각각 다르다.

AR/VR

① AR(Augmented Reality, 증강현실): 실제 영상에 단말/SW 등을 활용하여 가상의 3D 객체를 정합하는 기술
② VR(Virtual Reality, 가상현실): 실제와 유사하지만 실제가 아닌 어떤 특정한 환경이나 상황 혹은 그 기술 자체
③ MR(Mixed Reality, 혼합현실): VR과 AR의 장점을 혼합한 기술. 예컨대 반투명 렌즈를 통해 현실과 충분히 소통하면서 물리적 이동도 가능하고, 손을 뻗어 그 안의 가상 요소들과 상호작용도 가능한 기술

AR은 실제 현실 속에서 사용자를 보조하고 VR은 사용자가 현실과 단절된 상태로 가상세계에 몰입한다는 차이점이 있음.

　다만, AR과 VR은 허구적 정보를 이용한다는 유사성이 있고 기술이나 생태계가 연관되어 있어 관련 시장으로 보는 것이 합리적임.

■ VR, AR, XR 개념비교

3. 자동화/로보틱스

 스마트 제조업의 로보틱스 사용도 더욱 다양해지고 협업이 늘어나고 있다.
 협동 로봇은 인간 작업자가 기계 인터페이스와 함께 작업하면서 생산성을 극대화할 수 있는 기회를 제공하기 위해 개발되고 있다. 이 기술을 올바르게 구현하면 생산라인에 필요한 인력을 줄이는 데 도움이 될 수 있다.
 동시에 이러한 첨단 기술이 사람들을 실직시킬 것이라고 주장할 수 있다. 그러나 협동 로봇은 제조 산업에서 확대되는 기술 격차를 메우는 데 필요한 것이다. 숙련된 인간과 함께 협동 로봇을 배치하면 필수 작업에서 속도와 효율성을 달성하는 데 도움이 될 수 있다.
 협동 로봇의 사용은 널리 퍼져 있다. 피킹, 포장 및 팔레타이징, 용접, 품목 조립, 자재 취급 및 제품 품질검사와 같은 다양한 부문에서 활용할 수 있다. 이 기술은 현재 제조 산업에서 가장 광범위하게 사용되는 자동화 시스템 형태 중 하나다. 포괄적인 확산 사용 사례 외에도 협동 로봇은 매우 비용 효율적이다.

완전히 자동화된 공장을 처음부터 구축하려면 막대한 투자가 필요하다.

이는 협동 로봇을 기존 공장 환경에 구현함으로써 극복할 수 있다.

4. 적층 제조/하이브리드 제조

1) 하이브리드 제조

하이브리드 제조는 적층 제조와 절삭 제조를 하나의 기계에 결합한다.

하이브리드 가공은 기존의 절삭 가공 시스템에 레이저, 초음파, 에너지빔 등을 융합해 동시 공정 또는 순차 공정을 하나의 가공 시스템에서 수행할 수 있는 기술이다. 가공효율을 높일 뿐만 아니라 다품종 소량생산에 따른 수요자 맞춤형 생산 및 다목적 최적화를 추구할 수 있는 수단으로 하이브리드 가공 기술에 대한 관심이 높아지고 있는데, 최근에는 적층 제조(AM)와 절삭 가공을 하나의 시스템에 융합한 하이브리드 가공 기술도 선보이고 있다.

2) 적층 제조 (Additive Manufacturing)

3D 프린팅 기술을 제조업에 접목한 것으로서, 제조산업의 원자재, 부품, 제품을 생산하는 것을 말한다. 적층 제조는 고밀도 열원을 이용해 형상을 3차원적으로 쌓아 올리는 제조기법이다.

적층 제조의 이점

- 사내 생산 부품 증가
- 비용 효율성
- 설계 자유도 및 유연한 프로세스
- 더 빠른 리드 타임
- 시장 출시 속도 향상
- 전체 공급망 제어
- 혁신 문화 구축

5. 빅데이터 분석

1) 빅데이터(Big Data)

- 데이터: 현실 세계로부터 단순한 관찰이나 측정을 통하여 수집된 사실이나 값

〈데이터와 정보, 지식, 지혜의 관계〉

지혜(Wisdom)
문맥에 맞는 지식을 적절하게 선택하여 사용하는 것

지식(Knowledge)
문제해결과 의사 결정에 응용될 수 있도록 조직화되고 분석된 정보

정보(Information)
수신자에게 의미가 있는 형태로 처리된 데이터로서, 현재 또는 미래의 행위나 의사 결정에 실제적 가치 혹은 지각된 가치를 제공

데이터(Data)
현실 세계로부터 단순한 관찰이나 측정을 통하여 수집된 사실이나 값

- 빅데이터(Big Data) : 기존의 데이터 수집/저장/검색/분석 소프트웨어로는 감당하기가 불가능할 정도로 규모가 크고 복잡한 데이터를 지칭함.

2) 등장배경

- 인터넷/웹, 모바일 기기, 센서 등의 활용 증가
- 빅데이터를 저장하고 분석할 수 있는 정보기술의 발전
- IT 산업뿐만 아니라, 생명공학, 의학, 방송 등 다양한 빅데이터 생산 원천
- 정보화(디지털전환), 분산화, 세계화 등에 의한 기업의 대규모화
- 기타

3) 빅데이터 규모 측정

단위	한글명칭	크기	바이트 크기
Bit	비트	1bit	1/8
Byte	바이트	8bits	1
Kilobyte	킬로바이트	1,024bytes	1,024
Megabyte	메가바이트	1,024kilobytes	1,048,576
Gigabyte	기가바이트	1,024megabytes	1,073,741,824
Terrabyte	테라바이트	1,024gigabytes	1,099,511,627,776
Petabyte	페타바이트	1,024terrabytes	1,125,899,906,842,624
Exabyte	엑사바이트	1,024petabytes	1,152,921,504,606,846,976
Zettabyte	제타바이트	1,024exabytes	1,180,591,620,717,411,303,424
Yottabyte	요타바이트	1,024zettabytes	1,208,925,819,614,629,174,706,176

4) 빅데이터의 특징

3V

- 양(Volume): 빅데이터 여부를 결정하는 것은 데이터 집합의 크기(양)
- 다양성(Variety): 문자, 음성, 이미지, 동영상 등 다양한 비구조

적 데이터를 이해하고 활용해야 함.
- 속도(Velocity): 데이터의 생성 속도의 빠름 또는 만족시켜야 할 데이터 생성 및 처리속도가 빠름.

구조적(정형) 데이터

- 정형화된 속성으로 구조화가 가능한 데이터
    - 요화 같은 형태로 표현이 가능한 데이터
    - 스프레드시트나 데이터베이스로 저장하고 관리할 수 있음.
    - 사례: 판매 데이터

비구조적(비정형) 데이터

- 미리 정의된 방식으로 정리되지 않는 데이터
    - 변칙과 모호함이 있으며, 정확한 의미를 파악하기 어려움
    - 사례: 문서 파일, SNS 대화 파일, 음성 파일, 이미지/동영상 파일

반구조적(반정형) 데이터

- 각 항목의 의미를 설명하는 태그나 기호를 자체에 포함하는 데이터
    - 사례: HTML, XML, EDI

5) 빅데이터 주요 기술

분산 저장 및 처리

- 분산파일시스템: 막대한 양의 데이터를 저장/관리하기 위해 다수의 컴퓨터들에 데이터를 나누어 저장하고 관리하는 파일시스템으로, HDFS(Hadoop Distributed File System)가 잘 알려진 사례임.
- 데이터베이스클러스터: 하나의 데이터베이스를 여러 서버에 구축할 수 있는 시스템

클라우드

- 구매하는 대신 네트워크를 통해서 컴퓨터 하드웨어, 네트워크, 운영 체제, 응용소프트웨어 등을 빌려 쓰고 사용한 만큼 비용을 지불하는 서비스
- 클라우드는 컴퓨터 네트워크 구성도에서 인터넷을 의미하는 구름에서 기원함.

데이터 마이닝

- 대량의 데이터로부터 의미 있는 지식을 발견하기 위해서 탐

색하고 분석하는 과정
- 작업유형: 분류, 군집화, 연관성 분석, 추정, 이상치 발견, 요약, 연결 분석

데이터 시각화

- 데이터 분석 결과를 쉽게 이해할 수 있도록 시각적으로 표현하고 전달하는 과정
  - 사례: 연도별 음주운전 단속실적 현황

빅데이터라는 것은 갑자기 누군가가 만들어 낸 것은 아니다. 과거에도 분명히 빅데이터는 존재했다. 다만 그 데이터를 분석하고 활용하는 데 관심이 부족하고 가치와 효과를 잘 몰랐을 뿐이다.

빅데이터에 관련된 사례는 이것 외에도 의류업체 자라(ZARA)가 유명하다.

자라의 옷이 잘 팔리는 이유는 빅데이터가 있었기 때문이다. 다른 패션 브랜드는 광고 및 마케팅에 많은 돈을 투자하지만 자라는 광고를 하지 않는다. 자라가 광고를 하지 않은 이유는 광고를 하지 않아도 옷이 잘 팔리기 때문이다. 패션 브랜드 중 데이터 분석에 높은 비중을 두는 브랜드는 자라이다. 자라의 모든 옷에는 태그가 붙어 있는데 이 태그를 통해 소비자들이 가장 많이 갈아입은 옷이 무엇인지, 반응이 좋지 않은 옷은 무엇인지 등을 분석한다. 분석한

데이터들은 자라의 디자이너들에게 고스란히 전달된다. 덕분에 자라의 디자이너들은 소비자들이 어떤 원단, 패턴, 색상의 옷을 사고 싶어 하는지 알게 되어 정리된 데이터를 통해 다음 시즌의 옷 디자인에 참고하여서 새 시즌의 옷이 소비자에게 외면당하는 일은 매우 드물다. 그렇기에 자라는 광고를 하지 않아도 잘 팔리는 패션 브랜드로 성장하게 된 것이다.

6. 클라우드 컴퓨팅

1) 클라우드 컴퓨팅

- 클라우드 컴퓨팅: 컴퓨팅 리소스를 인터넷을 통해 서비스로 사용할 수 있는 주문형 서비스이다.
  기업에서 직접 리소스를 조달하거나 구성, 관리할 필요가 없으며 사용한 만큼만 비용을 지불하면 된다.

2) 클라우드 컴퓨팅의 최고 이점

- 비용: 클라우드로 전환하면 회사에서 IT 비용을 최적화할 수 있다.
- 속도: 대부분의 클라우드 컴퓨팅 서비스는 주문형 셀프 서

비스로 제공된다. 따라서 많은 양의 컴퓨팅 리소스도 대부분 몇 번의 마우스 클릭으로 몇 분 만에 프로비전 될 수 있다.
- 뛰어난 확장성: 탄력적인 확장은 클라우드 컴퓨팅 서비스의 큰 이점 중 하나이다. 클라우드 세계의 이러한 특성은 바로 필요한 때에 적절한 지리적 위치에서 대략적인 컴퓨팅 성능, 스토리지, 대역폭 등 적절한 양의 IT 리소스를 제공하는 것을 의미한다.
- 생산성: 일반적으로 온사이트 데이터 센터에는 하드웨어 설치, 소프트웨어 패치 및 기타 시간이 오래 걸리는 IT 관리 작업 등 많은 '래킹과 스태킹(Racking and Stacking)'이 필요하다. 클라우드 컴퓨팅을 사용하면 이러한 작업의 상당수가 불필요해지므로 IT 팀은 더 중요한 비즈니스 목표를 달성하는 데 시간을 투자할 수 있다.
- 성능: 최대 규모의 클라우드 컴퓨팅 서비스가 전 세계에 위치한 보안 데이터 센터 네트워크에서 실행된다. 이러한 데이터 센터는 최신 세대의 빠르고 효율적인 컴퓨팅 하드웨어로 정기적으로 업그레이드된다.
- 안정성: 클라우드 컴퓨팅을 사용하면 클라우드 공급자 네트워크의 여러 중복 사이트에 데이터를 미러할 수 있으므로 데이터 백업, 재해 복구 및 비즈니스 연속성을 더 쉽게 제공할 수 있으며 비용도 덜 든다.
- 보안: 많은 클라우드 공급자가 전체적인 보안 태세를 강화하

는 광범위한 정책 집합, 기술 및 컨트롤을 제공하여 데이터, 앱 및 인프라를 잠재적인 위협으로부터 보호한다.

3) 클라우드 컴퓨팅 유형

- 퍼블릭 클라우드: 인터넷을 통해 서버 및 스토리지와 같은 컴퓨팅 리소스를 제공하는 타사 클라우드 서비스 공급자가 소유하고 운영한다.
- 프라이빗 클라우드: 단일 비즈니스 또는 조직에서 독점적으로 사용되는 클라우드 컴퓨팅 리소스를 의미한다. 프라이빗 클라우드는 회사의 실제 온사이트 데이터 센터 내에 배치할 수 있다.
- 하이브리드 클라우드: 퍼블릭 클라우드와 프라이빗 클라우드 간에 데이터와 애플리케이션을 공유할 수 있는 기술로, 함께 바인딩된 퍼블릭 클라우드와 프라이빗 클라우드를 결합한다.

4) 클라우드 서비스 형식

- IaaS: 클라우드 컴퓨팅 서비스의 가장 기본적인 범주. IaaS

(Infrastructure as a Service)를 사용할 경우 클라우드 공급자로부터 종량제 방식으로 서버와 VM(가상 머신), 스토리지, 네트워크, 운영 체제 등의 IT 인프라를 대여한다.
- PaaS : PaaS(Platform as a Service)는 소프트웨어 애플리케이션을 개발, 테스트, 제공 및 관리하기 위한 주문형 환경을 제공하는 클라우드 컴퓨팅 서비스를 의미한다.
- SaaS : SaaS(Software as a Service)는 인터넷을 통해 소프트웨어 애플리케이션을 주문형으로 제공하는 방식이다. 또한, 이 서비스는 일반적으로 구독 방식으로 소프트웨어 애플리케이션을 제공하는 방법이다. SaaS를 사용할 경우 클라우드 공급자는 소프트웨어 애플리케이션과 기본 인프라를 호스트하고 관리하며 소프트웨어 업그레이드 및 보안 패치와 같은 유지 관리를 처리한다.

7. IoT/에지 컴퓨팅

1) 에지 컴퓨팅

수십억 개의 IoT와 모바일 장치에서 수집되는 데이터가 기하급수적으로 증가함에 따라 처리 및 저장을 위해 클라우드로 데이터를 전송하던 방식에서 데이터가 생성되는 곳에 더 가까운 네트워크 에지에서 일부 컴퓨팅이 발생하는 분산 모델로 전환되고 있다.

에지 컴퓨팅은 고성능 처리, 짧은 지연 시간 연결 및 보안 플랫폼을 통해 장치에서 수집된 데이터의 이점을 누릴 수 있는 경로를 제공한다.

2) 에지 컴퓨팅의 이점

저장, 처리 및 분석과 같은 일부 데이터 기능을 클라우드에서 데이터가 생성되는 에지 및 가까운 곳으로 이동하면 다음과 같은 몇 가지 주요 이점을 얻을 수 있다.

속도 증가 및 지연 시간 감소

데이터 처리 및 분석을 에지로 이동하면 시스템 응답 속도가 향상되어 자율 주행과 같은 거의 실시간에 가까운 애플리케이션에서 필수적인 더 빠른 트랜잭션과 더 나은 경험을 제공할 수 있다.

네트워크 트래픽 관리 개선

네트워크를 통해 클라우드로 전송되는 데이터의 양을 최소화하면 대량의 데이터를 전송하고 저장하는 대역폭과 비용을 줄일 수 있다.

안정성 향상

네트워크가 한 번에 전송할 수 있는 데이터의 양은 제한되어 있다. 인터넷 연결 수준이 낮은 위치의 경우, 에지에 데이터를 저장하고 처리할 수 있으므로 클라우드 연결이 중단되었을 때도 안정성이 향상된다.

향상된 보안, 적절한 구현을 통해 에지 컴퓨팅 솔루션은 인터넷을 통한 데이터 전송을 제한함으로써 데이터 보안을 강화할 수 있다.

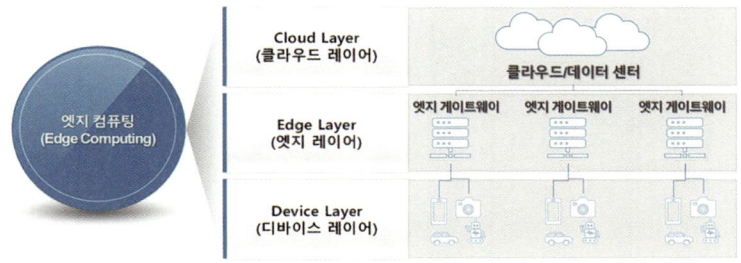

| 클라우드
| 레이어

클라우드 레이어는 중앙 서버의 역할을 한다. 그리고 에지 게이트웨이와 연결되어 있다. 디바이스 레이어와 직접 연결되어 있지는 않고, 에지 게이트웨이를 통해서 디바이스들과의 상호작용을 하게 된다.

에지 레이어

에지 레이어는 분산된 중간 서버의 역할을 한다고 보면 된다. 그리고 디바이스 레이어에 물리적으로 근처에 위치하며, 중앙 서버와 바이스들과의 중간 역할을 하게 되는 것이다. 그리고 실제 중앙 서버와의 통신이 필요 없는 경우 디바이스의 요청을 직접 처리해 주면 된다. 그렇기에 지연 시간을 줄여줄 수 있는 것이다.

디바이스 레이어

디바이스 레이어는 엔드 포인트이며, 에지 레이어와 통신을 하게 된다. 엔드 포인트의 몇 가지 예를 들자면 휴대 전화, 노트북, IoT 디바이스 등이 있다.

8. 시뮬레이션/디지털 트윈

1) 디지털 트윈

 디지털 트윈은 물리적 객체의 가상 모델이다. 객체의 수명주기에 걸쳐 지속되며 객체의 센서에서 전송된 실시간 데이터를 사용하여 동작을 시뮬레이션하고 작업을 모니터링한다. 디지털 트윈은 공장 장비의 단일 부품부터 풍력 터빈 및 전체 도시와 같은 전체 설비에 이르기까지 실제 환경의 많은 항목을 복제할 수 있다.

 디지털 트윈 기술을 사용하면 자산의 성능을 감독하고 잠재적 결함을 식별하며 정보를 바탕으로 유지 관리 및 수명주기에 대한 결정을 내릴 수 있다.

2) 디지털 트윈의 이점

- 성능 개선: 디지털 트윈이 제공하는 실시간 정보와 인사이트를 활용하여 장비, 플랜트 또는 시설의 성능을 최적화할 수 있다. 발생하는 문제를 처리해 주므로, 시스템이 최대 성능으로 작동하도록 보장하고 가동 중지 시간을 줄일 수 있다.
- 예측 기능: 디지털 트윈은 수천 개의 장비로 구성되어 있는 경우에도 제조 플랜트, 상업용 건물 또는 시설에 대한 완벽한 시각적 및 디지털 보기를 제공할 수 있다. 스마트 센서는 모든 구성요소의 출력을 모니터링하여 문제 또는 결함이 발생할 경우 플래그를 표시한다. 장비가 완전히 고장 날 때까지 기다리는 것이 아니라 초기 문제 징후가 나타날 때 미리 조치를 취할 수 있다.
- 원격 모니터링: 가상화되어 있는 디지털 트윈의 특성상, 시설을 원격으로 모니터링하고 제어할 수 있다. 또한 원격 모니터링이 가능하므로 잠재적으로 위험한 산업 장비를 검사하는 데 필요한 인원을 줄일 수 있다.

3) 디지털 트윈의 이점

- 프로덕션 시간 단축: 실제 제품 및 시설이 만들어지기 전에

디지털 복제본을 만들어 프로덕션 시간을 단축할 수 있다. 시나리오를 실행함으로써 고장이 발생할 경우 제품 또는 시설이 어떻게 반응하는지 확인하고 실제 프로덕션 전에 필요한 부분을 변경할 수 있다.

4) 디지털 트윈 유형

구성요소 트윈

구성요소 트윈 또는 파트 트윈은 전체 시스템의 한 부분을 디지털로 표현한 것이다. 이는 풍력 터빈 내의 모터와 같이 자산을 운영하는 데 필수적인 부분이다.

자산 트윈

디지털 트윈 용어에서 자산은 보다 포괄적인 시스템의 일부로서 함께 작동하는 두 개 이상의 구성요소를 의미한다. 자산 트윈은 구성요소가 상호작용 하는 방식을 가상으로 나타내며, 분석하여 정보에 입각한 결정을 내릴 수 있는 성능 데이터를 생성한다.

시스템 트윈

자산 트윈보다 더 높은 수준의 추상화를 시스템 트윈 또는 유닛 트윈이라고 한다. 시스템 트윈은 다양한 자산이 더 광범위한 시스템의 일부로서 함께 작동하는 방식을 보여준다.

시스템 트윈 기술이 제공하는 가시성을 통해 성능 향상 또는 효율성 제고를 위한 결정을 내릴 수 있다.

프로세스 트윈

프로세스 트윈은 전체 객체의 디지털 환경을 보여주고 다양한 구성요소, 자산 및 유닛이 함께 작동하는 방식에 대한 인사이트를 제공한다. 예를 들어 디지털 프로세스 트윈은 전체 제조 시설의 운영 방식을 디지털 방식으로 재현하여 그 안에 있는 모든 구성요소를 한눈에 보여줄 수 있다.

V.
스마트팩토리 운영 프로세스

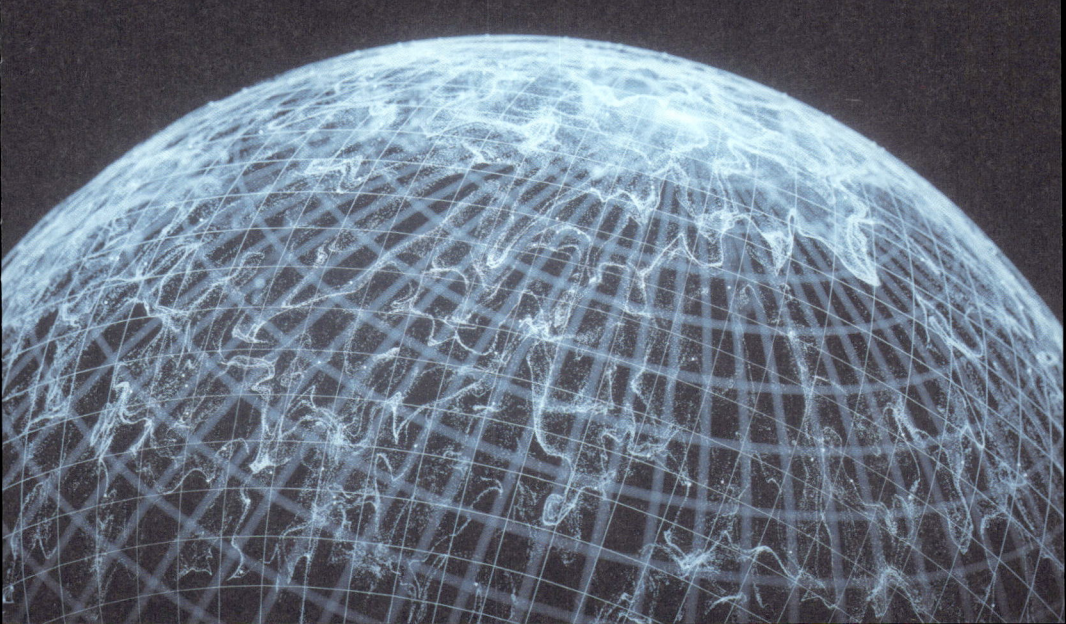

1. 영업관리

1) 수요예측

- 수요: 재화나 서비스를 구매하려는 욕구
  - 잠재수요: 구매능력이 갖추어지지 않아 아직 소비로 결부되지 못하는 욕구
  - 유효수요: 금전적 지출을 동반하는 수요로서, 바로 구매할 가능성이 있거나 구체적인 구매계획이 있는 수요
- 수요예측의 개념 : 장래에 발생할 가능성이 있는 모든 수요(잠재 + 유효수요)에 대하여 예측하는 것
  - 시장조사 등을 통하여 아무리 정확한 수요분석을 진행하여도 미래 수요에 대한 완벽한 추정은 불가능함.
  - 예측되지 않았거나 예측하기 어려운 일이 발생하여 수요예측이 크게 빗나갈 가능성이 항상 존재함.

- 수요예측 방법
  - 정량적 방법: 수량화된 객관적인 자료를 이용하여 예측하는 방법
  - 정성적인 방법: 객관화된 자료가 없을 때, 개인의 판단과 의견을 종합하여 체계적으로 분석하는 방법

2) 판매예측

- 판매예측의 정의: 일정 기간의 상품 서비스 매출액을 추정하는 것
  - 수요예측 결과를 기반으로 미래 자사 상품이나 서비스 판매 가능액을 구체적으로 예측함.
  - 매출액 목표를 결정하기 위한 것으로, 산출한 예측치를 매출 목표로 설정하기도 하므로 판매예측은 판매계획 수립에 지대한 영향을 미침.
- 판매예측 방법: 수요예측 방법과 유사함.

수요예측에 의한 판매 예측

- 수요예측으로 당해 업계의 총수요와 시장점유율 목표 설정
- 미래 매출액을 예측함.

3) 판매계획

판매계획 개념

- 기업 판매목표 및 판매활동에 관한 계획을 하는 것
- 수요예측과 판매예측 결과로 판매목표액 수립
- 시장점유율은 매출액을 결정하는 데 중요한 요소임.
    ➡ 과정 시장점유율, 상대적 가격/품질/기능, 판촉활동 등에 따라 다름.

<판매계획 순서>

장기 판매계획

- 장기적인 시장분석으로 기업환경 기회와 위협 예측
- 신제품 개발, 신시장 개척, 판매경로 강화 등에 관한 계획 수립

중기 판매계획

- 제품별 수요예측과 판매예측으로 제품별로 매출액 예측, 제품별 경쟁력 강화 계획 수립
- 주요 활동: 제품별 디자인, 원가, 품질 등 개선, 판매촉진 정책 수립, 판매경로 및 판매자원의 구체적인 계획 등

단기 판매계획

- 판매예측으로 연 목표매출액 설정, 목표매출액 달성을 위해 제품별 가격, 판매촉진 실행방안, 구체적인 판매할당 등을 결정

4) 수주관리

수주관리의 정의

- 수주: 고객의 구매의사를 확인하고 구매를 결정한 고객으로부터 구체적인 주문내역을 확인하여 원하는 조건과 납기를 맞추어 제품이 전달되도록 하기 위한 일련의 과정을 관리하는 활동

〈고객(거래처) 중점화 전략〉

구분	내용
파레토 분석	문제가 될 수 있는 이슈의 자료와 정보 수집, 유형별로 그루핑해서 중요한 문제를 찾아내는 기법
메크릭스 분석	두 개의 요소를 행(가로축)과 열(세로축)로 배열하여 이원표 형태로 표시하여 분류
거래처 포트폴리오 분석	주요 거래처 · 고객을 효과적으로 분류하여 최적의 공략방법을 도출하기 위한 분석방법

2. 자재관리

1) 자재관리 방침 설정

자재관리 개념

- 필요한 자재를 적정한 가격으로 필요로 하는 부문에 필요한 시점에 공급할 수 있도록 계획을 세워 구매하고 보관하는 것
- 생산에 필요한 자재 확보, 보관, 이동, 활용 등 일련의 과정을 통제하고 관리하여 계획에 따른 생산 활동이 원활하게 진행되도록 지원하는 활동

관리 목표

- 양질의 자재를 필요한 시기에, 필요한 부문에 필요한 수량(적

정량) 공급

자재관리 기능

- 자재계획, 구매관리, 조달, 검수, 창고관리, 재고관리, 폐품 및 불량품 처리, 자재의 표준화 등을 포함

자재 분류

소모성 자재
- MRO(Maintenance, Repair and Operations: 유지, 보수, 운전자재)
- 기업에서 제품 생산과 직접 관련된 원자재를 제외한 소모성 자재를 이르는 용어임.

재공품
- 재공품(Work In Process, 在工品)
- 제품 또는 반제품이 되기 위해 현재 제조과정 중에 있는 것

반제품
- 반제품이란 제품이 여러 공정을 거쳐 완성되는 경우, 하나의 공정이 끝나서 다음 공정에 인도될 완성품 또는 부분품

| **제품**
   - 제조공정을 거쳐 만들어진 재화

2) 자재소요계획 수립

자재소요계획(MRP: Material Requirement Planning)

제품의 수량 및 일정을 토대로 그 제품 생산에 필요한 원자재, 부분품, 공정품, 조립품 등의 소모량 및 소요 시기를 역산해서 일종의 자재 조달 계획을 수립하여 일정 관리를 겸한 효율적인 재고관리를 함

MRP 시스템의 주요 기능

- 필요한 물자를 언제, 얼마를 발주할지 파악 가능
- 주문 또는 제조 지시 전에 경영자가 계획들을 사전 검토 가능
- 주문 독촉 또는 지연 여부 파악 가능
- 상황에 따라 주문 변경이 가능
- 상황의 완급도에 따라 우선순위 조절로 자재 조달 및 생산작업 진행 가능
- 능력 계획에 도움

MRP 시스템 특징

- 자재관리뿐만 아니라 일정계획과 통제를 동시에 할 수 있는 관리기법
- 완제품 수량과 납기가 결정되면 BOM 등을 이용하여 필요 자재를 적시·적량에 공급하기 위해 주문시기와 주문량 자동 계산하여 발주 진행

MRP 시스템 효과

- 재고수준을 감소시켜 자재재고비용 절감
- 자재부족 최소화로 생산공정 가동율 높이고 생산소요시간 단축
- 납기준수로 고객 서비스 개선

3) 자재운영자원 분석

재고조사 준비

1. 계획 수립
- 정상적 수불행위가 일정 기간 중지되므로 일반적으로 휴일

또는 수불행위가 비교적으로 한산한 시기 선정하여 실시
- 다음과 같은 요소 참조
  - 품목 수(품종 수) 및 수량/위치 수/조사요원의 작업불가 일정/소요시간, 소요인원 및 장비

2. 인원편성
- 보관물품과 직접적 관계가 없는 인원으로 편성 또는 다른 단위 기관과 상호 교환실시 하는 방법으로 편성
- 편성 완료 후 각자에게 임무 부여

3. 교육
- 각자에 부여된 임무 수행을 위해 다음과 같은 사항 교육
  - 재고조사 목적/정확성을 기해야 하는 이유/저장번호, 품명 불출단위 인식법/ 물품 식별 및 상태분류법
  - 재고조사 세부절차/측정 기구 사용법/실사실습

4. 사전준비
- 준비항목: 식별표시, 분산품목 취합, 측정기구 준비 등

5. 유동문서
- 증빙서 번호는 부여하였으나 완전히 처리되지 않는 차변·대변 및 조정문서

- 유동문서는 가급적 적게 하도록 노력

재고기록 조정

- 재고 현황은 생산계획 수립, 수주, 발주 등의 결정과 입출고 시점을 결정하는 데 매우 중요한 정보임.
- 재고기록과 실제 재고가 상이하면 재고기록 수정, 원인조사 및 동일 문제 발생하지 않도록 조치
- 재고수량 과부족: 기록 오류, 관리 소홀, 물품 특성에 따른 파손 및 분실 등의 원인

재고자산 평가

- 일반적으로 재고자산은 취득원가 기준에 의해 평가되며, 재고자산은 판매될 때까지 역사적원가로 표시됨.
- 실현주의 원칙에 따라 재고자산이 판매될 때까지는 보유손익을 인식하지 않고 당해 재고자산이 판매된 경우에 영업손익으로 인식함.

3. 구매관리

1) 구매관리의 의의

- 구매관리: 제품 생산에 필요한 원재료 및 상품을 될수록 유리한 가격으로, 필요한 시기에 적당한 공급자로부터 구입하기 위한 체계적 시책
- 구매: 소비자가 상품을 구입하기 위해 계약 체결을 위한 상담을 하고, 그 계약에 따라 상품을 인도받고 대금을 지불하는 과정

〈구매관리활동〉

구매의 가치분석 · 매시장조사 · 품질관리	용도에 따라 가장 적합하고 적합한 것을 찾아 구입
납기 관리	납기에 늦지 않도록 구입
적정재고관리	일정한 재고를 필요로 하는 제품과 자재에 대해서는 재고를 될 수 있는 한 최소한도로 하면서 재고 고갈의 위험도 없애는 일
구매 시장조사 · 납품업자의 선정 · 외주관리	우량 업체 또는 업자로부터 구입
수송관리	적절한 수송수단으로 구입
구매비용관리	최저의 구매비용으로 구입
잔재 관리	사용 중 발생된 잔재의 유효 적절한 활용등

2) 구매전략

구매방침

- 자체생산과 구매(외주) 결정
- 거래처 집중구매와 분산구매 결정

구매방법

- 수시구매: 구매청구 시마다 구매하여 공급하는 방식
- 예측구매: 미래 수요를 예측하여 시장 상황이 유리할 때 일정 양을 미리 구매하여 재고로 보유 후 생산계획이나 구매청구에 따라 재고에서 공급하는 방식
- 투기구매: 가격인상을 대비하여 이익 도모 목적으로 가격이 낮을 때 장기 수요량을 미리 구매하여 재고로 보유하는 구매방식
- 장기계약구매: 특정 품목에 대한 장기 제조계획에 따라 필요한 자재소요량을 장기적으로 계약하여 구매하는 방법
- 일괄구매: 필요 다품종 품목에 대해 공급 가능한 공급처를 품종별로 선정하여 구매품목을 일괄 구매함으로써 구매시간과 비용 절감하고 구매절차를 간소화하는 방법

3) 구매관리 실무

시장조사

- 상품 및 마케팅에 관련되는 문제에 관한 자료를 계통적으로 수집·기록·분석하여 과학적으로 해명하는 일

- 시장조사 목적: 구매가격, 품질, 조달기간, 구매수량, 공급자, 지불조건 등을 결정하기 위한 정보를 수집하여 합리적인 구매계획 수립

원가분석

- 원가수치를 분석하여 경영활동 실태를 파악하고, 일정한 해석을 내리는 일
- 원가분석 목적: 구매품목에 대한 원가분석은 시장가격 적정성 판단 및 적정 구매가격 결정에 필요함.
- 원가 3요소
    - 재료비: 제조를 위해 소비되는 물품의 원가, 원료비라고도 함.
    - 노무비: 제품제조를 위해 소비된 노동의 가치
    - 경비: 재료비, 노무비 이외의 가치로서 계속적으로 제조에 소비되는 것
    - 전력비, 보험료, 감가상각비, 세금과 공과 등 다수 비용으로 구분
- 원가구성
    - 직접원가 = 직접재료비 + 직접노무비 + 직접경비
    - 제조원가 = 직접원가 + 제조간접비
    - 총원가(판매원가) = 제조원가 + 판매비와 관리비
    - 판매가격 = 총원가 + 이익

구매가격

- 가격결정 방식: 구매가격은 판매가격에 좌우되므로 공급자의 판매가격 결정방법 적정성을 평가하여 구매가격 협상에 반영함.

방식	설명
비용 중심적 가격결정 (Cost Based)	제품 생산 또는 판매에 들어가는 모든 비용을 포함하고 목표 이익을 달성할 수 있는 수준에서 가격을 결정하는 방식
구매자 중심적 가격결정 (Consumer Based)	소비자의 제품에 대한 평가나 소비자들의 수요를 바탕으로 가격을 결정하는 방식, 소비자 조사를 통해 표적시장의 수요가능 가격 인지
경쟁 중심적 가격결정 (Competition Based)	경쟁사들의 가격을 가격결정의 가장 중요한 기준으로 간주하는 방식

공급자 선정

- 평점방식: 공급자에 대한 다양한 평가요소를 정의하고 각 평가기준을 측정할 수 있는 평가항목에 의하여 평가대상 기업들을 평가한 후, 최고점수를 받은 기업을 공급자로 선정하는 방식

- 경쟁방식
    - 일반 경쟁방식: 구매자가 공급자와 계약을 하기에 앞서 미리 일반인에게 구매계획을 널리 알려 모든 공급 희망자들로 하여금 계약에 참가할 수 있게 하여, 그중 가장 유리한 조건을 제시한 공급 희망자를 선정하여 계약을 성립시키고자 하는 계약방식
    - 지명 경쟁방식: 구매담당자가 과거 신용과 실적 등을 기준으로 하여 공급자로서 적합한 자격을 갖추었다고 인정하는 다수의 특정한 경쟁 참가자를 지명하여 경쟁입찰에 참가하도록 하는 방법
    그중 가장 유리한 자를 선택하여 구매 계약을 체결하는 방식
    긴급구매에 적합
    - 제한 경쟁방식 : 입찰참가자 자격을 제한하지만 자격을 갖춘 모든 대상자를 입찰참가자에 포함시키는 방법
    일반 경쟁방식과 지명경쟁방식의 단점을 보완하고 경쟁의 장점을 유지시켜 구매 목적을 효과적으로 달성하기 위한 방법
    - 수의 경쟁방식: 경매(競賣), 입찰(入札) 등의 방법에 의하지 않고, 적당한 상대방을 임의 선택해 맺는 계약으로 경쟁계약에 대립되는 개념임

구매계약

- 구매계약의 개념: 채권을 발생할 목적으로 구매할 물건에 대한 거래의사 합의로 성립하는 법률행위
    - 구매계약 승낙 사실을 상대방에게 통보 후 이를 접수한 날부터 유효

- 계약서 작성은 이미 성립한 계약내용을 문서화하는 형식적인 행위임.
- 구매계약에 대한 해제는 기발생된 행위를 소급하여 무효하는 것이며, 해지란 미래에 대해서만 법률효과를 무효로 함을 의미

구매정책

- 상위 시스템인 기준생산계획(MPS), 자재소요계획(MRP)을 바탕으로 발주 주기 결정해야 함.
- 산발적이고 수시적인 발주는 적정 재고 유지에 위협적인 요소

4. 무역관리

1) 무역이론

- 무역 발생 원인: 나라에 따라 자연조건, 사회조건이 다르고 물품 생산비용이나 효율이 다르기 때문에 비교우위가 있는 상품을 여분으로 생산하여 타국 비교우위 상품과 교환하면 상호 간 무역이익을 얻을 수 있음.
- 무역: 국가 간 행해지는 상품 또는 서비스의 거래활동으로, 국경을 넘어 국가 간 상품이나 서비스를 거래하는 것을 의미

2) 무역 계약

무역 계약

- 국제간 매매 계약 의미
- 국내 매매 계약과 동일하나 국제 상관습이 적용되며 국가별 무역관리로 비롯되는 내용상 절차상 제약이 가해짐.
- 무역 계약 종류
    - 개별계약(Case by Case Contract): 어떤 특정품목을 거래 때마다 양 당사자가 거래조건에 합의하는 계약 의미
    - 포괄계약(Master Contract): 특정품목에 대해 장기계약을 하고 필요할 때마다 사용하는 계약
    - 독점계약(Master Contract): 거래당사자 간 수출입을 독점하는 계약

신용장(Letter of Credit, L/C)

- 은행이 거래처의 요청으로 신용을 보증하기 위하여 발행하는 증서

5. 생산관리

1) 생산시스템

- 생산성: 생산과정에서 생산요소를 얼마나 효율적으로 결합하였는가의 정도를 말하며, 투입된 자원에 비해 산출된 생산량이 어느 정도인가를 대변하는 척도임
  ➡ 생산성 = 산출량(Output)/투입량(Input)
- 생산성 측정: 일반적으로 자본·설비·노동 등이 각 생산성이 생산성의 척도로 사용됨.
- 생산성을 결정하는 주요요인은 생산성 의식, 경영, 노동, 설비, 기술 등이 있음.

2) BOM (Bill Of Material)

- 모든 품목에 대해 상위 품목과 부품 관계와 사용량, 단위 등을 표시한 List, 도표, 또는 그림을 의미하며, 특정 제품이 어떤 부품들로 구성되는가에 대한 데이터
- Engineering BOM: 설계과정에서 생성한 BOM
- Manufacturing BOM: 생산관리 부서 및 생산 현장에서 사용되며, 생산과정을 고려한 BOM
  MRP 시스템에 사용되는 BOM으로 재고 공정 및 조립 공정 순서를 반영하여 E-BOM을 변형하여 만들어진다.
- Planning BOM: 기획, 판매, 마케팅 등 거시적 수준에서 계획을 할 때 사용된다.
- Modular BOM: 방대한 양의 BOM 데이터 관리 시 필요한 노력을 줄일 수 있다.

3) 생산시스템의 종류

- 프로젝트 생산방식: 건설공사, 특수한 대형 제품의 제작 등과 같이 어떤 주요 산출물 한 단위를 상당한 기간에 걸쳐 생산하는 형태
- 개별 생산방식: 제품이 단속적으로 시간 간격마다 소규모 로

트(Lot)로 생산된다.
- 연속 생산방식: 하루 24시간 계속적으로 가동, 석유정제, 전력 등
- 반복생산 공식: 제품은 동일한 생산과정을 반복적으로 거쳐 큰 로트(Lot)로 생산됨, 자동차, 가전제품 등 대량 생산

4) 총괄계획

총괄생산계획(Aggregate Production Planning)

- 생산계획: 예측된 수요(주문이나 판매예측)를 바탕으로 주어진 기간 내에 보유 자원을 이용하여 어떤 제품을 언제 얼마만큼 (종류, 수량, 가격 등) 생산할지에 대하여 가장 경제적이고 합리적인 일정을 수립하는 것
- 총괄생산계획: 생산계획 중 6~18개월의 기간을 대상으로 수요예측에 따른 생산목표를 효율적으로 달성할 수 있도록 고용수준, 재고수준, 생산능력 및 하청 등 전반적 수준을 결정하는 과정임.
- 총괄생산계획 수립 목적
    - 연간 생산 활동에 필요한 예산 산출
    - 연간 소요자원(인력 등)에 대한 계획 및 확보

- 연간 생산 비용 최소화를 통해 단기적 생산계획에 의한 추가 비용 발생을 최소화

5) 기준생산계획

- 생산능력에 관한 계획이며, 일정계획(Scheduling)은 주어진 생산능력의 활용과 집행에 관한 계획임.
- End Item 또는 중요 부품에 대한 생산계획(또는 구매계획)을 수립하는 활동
- 생산계획의 다음 단계이며, MPS는 생산계획시스템에 있어 매우 중요함.

MPS 특징

- 생산계획에 있어 무엇을 제조할 것인지 명확히 함.
- 실행 능력과 자원 산출 시 고려되어야 하는 필수요소임.
  자재소요계획(MRP : Material Requirements Plan)에 영향을 줌.
- 제조되어야 할 대상들에 대한 우선순위계획임.

- 기준생산계획 수립

6. 공정관리

1) 공정관리

공정관리(Process Control)

- 생산공장에서 일정한 품질·수량·가격의 제품을 일정한 시간 안에 가장 효율적으로 생산하기 위해, 공장의 모든 활동을 총괄적으로 관리하는 활동

2) 공정분석

공정분석(Process Control)

- 작업물(부품, 재료)이 순차적(가공, 운반, 정체, 검사)으로 가공되어 제품이 완성되기까지 작업 경로를 시간적, 공간적으로 설정하여 작업 전체 순서 표준화하는 것을 의미하며, 반드시 현장에서 실시, 작업 대상물 경로를 빠짐없이 분석용지에 기록함.

3) 공수계획

공수계획의 의의

- 공수계획: 작업하기에 필요한 공수(工數)로부터 소요 인원수나 기계 대수를 산정해 이것과 현재 보유하는 능력(작업자와 기계)과의 조정을 꾀하는 일
    - 공수: 일정한 작업에 요하는 인원수를 노동시간 또는 노동일로 나타내는 개념
    - 직종별로 인시(人時, Man-hour: 인원수 × 노동시간), 또는 인일(人日, Man-day: 인원수 × 노동일수)로 나타냄
- 공정계획에 있어서 각 작업에 소요되는 공수를 계산하여 공수계획표 작성
    - 각 부문별·제품별로 보유공수와 소요공수를 산출하여 정시간작업(定時間作業) 중에서 부족공수가 생기면 연장작업, 또는 외주(外注)의 공수대책 수립

- 공수 절감은 작업관리·생산관리의 중요 과제임
- 표준공수를 설정하고, 공수실적과 비교함으로써 생산성 측정에 쓰임.
- 표준공수에 임금단가를 곱해 표준노무비 산출하여 원가관리 참고자료나 제품원가의 견적(見積) 작성 시 활용 가능

4) 간트차트(Gantt Chart)

간트차트

- 프로젝트 일정 관리를 위한 바(Bar) 형태의 도구
- 어떤 과업을 단위 활동별로 계획 기간을 막대그림표의 가로(鑛)로, 작업 진행에 따라 그 실적을 표시함으로써 단위 활동별로 추진상황 파악 가능
- 활동은 막대로 표시하고 그 길이는 활동의 작업 시간과 비례하여 나타냄.

〈간트차트 작성에 사용되는 기호〉

의미	기호
작업개시 일자/시간	⌐
작업개시 완료예정일/기간	¬
예정된 작업시간	└ ┘
일정 기간에 대하여 계획된 작업량	| 20　　|
일정 기간까지 완료한 작업량	|　　30|
체크된 일자	∨
작업지연의 회복에 예정된 시간	⋈
완료된 작업(굵은 선)	▃▃

〈간트차트 이용예제〉

ID	활동명	완료일	기간	2025년								
				1	2	3	4	5	6	7	8	9
1	인원 관리	25. 01. 31.	1	▬								
2	인원 변동 관리	25. 02. 28.	2	▬	▬							

5) 작업의 우선순위 결정

〈고려원칙〉

1	납기가 가장 급박한 순서로 작업 진행(납기 우선순위)
2	먼저 작업지시가 내려진 순서로 작업 진행(FIFO)
3	전체 작업시간이 가장 짧은 순서로 진행
4	최소 공정수를 가지는 작업순서로 진행
5	Slack 시간이 가장 짧은 순서로 작업을 진행
※ 최소여유시간(S) = 현재부터 납기일까지 남아 있는 시간 − 잔여작업일수	
6	긴급률(CR: Critical Ratio)이 가장 작은 순서로 작업 진행

- 긴급률(Critical Ratio)에 따른 작업우선순위 고려원칙
    - 현재부터 납기일까지 남아 있는 시간을 잔여처리 시간으로 나눈 것
    - 값이 적은 작업부터 처리

$$긴급률(CR) = \frac{잔여납기일수}{잔여작업일수} = \frac{납기일 - 현재일}{잔여작업일수}$$

6) 애로공정 제거와 라인밸런싱

애로공정

- 애로공정: 작업장에 능력 이상의 부하가 적용되어 전체 공정의 흐름을 막고 있는 것을 의미
    - 병목현상이라고도 하며 전체 라인의 생산 속도를 좌우하는 작업장을 의미함.
- 애로공정을 해결하여야 생산성이 극대화되며, 작업방법 개선과 각 공정 작업시간을 균형되게 하는 라인밸런싱 기법 활용

애로공정관리

- 프로세스상 병목현상을 찾아 관리함으로써 효율성 향상시키고자 하는 방법

라인밸런싱(Line Balancing)

- 생산라인 능력, 공정의 소요시간이 균형되도록 '작업장'이나 '작업순서'를 배열하는 것
- 제조공정을 합리적으로 결정하는 문제로 라인을 구성하는 각 공정 간의 균형을 어떻게 최적으로 하는가 하는 것임.

- 제조공정 중 각각의 공정 역할 분담을 고르게 나누어 줌으로써 최대 생산효율을 높이는 것을 의미함.
- 공정대기 현상이 발생하는 경우
    - 각 공정이 평형화되어 있지 않을 경우
    - 일시적인 여력이 불평형이 있을 때
    - 여러 병렬공정으로부터 흘러들어 올 때
    - 수주의 변경이 있을 때
    - 전후 공정의 로트의 크기나 작업시간이 다를 때
- 라인밸런싱을 위한 대책
    - 작업방법의 개선과 표준화
    - 작업의 분할 또는 합병

7) 적시 생산시스템(JIT: Just In Time)

JIT 생산방식의 의미

- JIT 생산방식: 모든 프로세스에 걸쳐 필요한 때, 필요한 것(부품, 원재료 등)을 필요한 만큼만 생산함으로써 생산시간을 단축하고 재고를 최소화하여 낭비를 없애고, 대내외적 환경 변화에 신속하고 유연하게 대응코자 하는 생산시스템
- 일본 토요타 자동차에서 개발한 기법으로 필요한 부품을 필

요한 시간에 필요한 양만큼 공급함으로써 생산 활동에서 모든 낭비의 근원이 되는 재고를 없애고 작업자 능력을 완전하게 활용하여 생산성 향상을 달성하고자 하는 Pull System임.
- JIT는 무재고 생산방식임.
- JIT의 목적
    - 비용 절감, 재고 감소, 품질 향상을 통한 이익 증대
    - 낭비 요소를 제거하고 프로세스 품질을 향상하여 표준화된 상태 지속하는 생산 형태

JIT 실현하기 위한 개선사항

① 흐름생산: 당장 주문의 흐름 속에 포함되지 않는 재공품, 부품, 원재 등의 재고를 포함한 운전자본을 축소시켜 생산공정 재조정
② 다공정 담당: 흐름 속에서 제품을 만드는 방법
③ 칸반(Kanban): 생산시스템의 생산흐름을 통제하기 위하여 사용되며, 부품에 대한 정보가 기록됨. JIT의 생산통제수단임.
④ 소인화: 인력 낭비 억제와 신축성 제고를 목표로 인력과 기계 최적 배분
⑤ 눈으로 보는 관리(Visual Management): 관리 항목의 이상과 변화를 한눈에 보고 알 수 있게 하는 시각화와 투명화로 신속한 이상 발견과 조치 가능

⑥ 평준화
⑦ 준비교체작업: 다품종 소량생산에서 작업준비를 경감시키는 기법
⑧ 품질보증
⑨ 자동화
⑩ 보건·안전

7. 품질관리

1) 품질 정의 및 분류

품질 정의

- 품질관리: 고객이 만족할 만한 제품을 생산하기 위해 표준을 설정하고, 인적·물적 자원을 이용하여 제품을 생산하는 공정을 관리하고, 문제가 발생하면 원인을 분석하여 수정조치를 취하는 지속적인 순환 활동임.

품질관리 발전

- 작업자 품질관리(Operator Quality Control)
  최초의 품질관리는 생산을 담당하고 있는 작업자가 자신의

작업 결과물에 대한 품질까지도 담당(13C 후반~1800년대 말)
- 직(조)장 품질관리(Foremen Quality Control)
생산성 향상 요구에 따라 작업자는 생산만, 품질검사는 직장(조장, 반장)이 담당(1900년대 초)
- 검사자 품질관리(Inspection Quality Control)
생산량 증대에 따라 반장이 품질검사 및 작업감독을 동시에 하기에는 벅찬 일이므로, 품질검사만을 전담하는 검사자에 의한 품질관리 시대(1930년대, 1차 세계대전 전후)
- 통계적 품질관리(Statistical Quality Control)
제품 및 공정기술 발전, 생산량 증대 상황에서 모든 생산품에 대한 품질검사 시행은 불가능하므로 샘플링에 의한 통계적 품질관리 개념 도입(1차 세계대전~1940년대)
- 종합적 품질관리(Total Quality Control)
소비자가 만족할 수 있는 제품 및 서비스를 경제적으로 생산하고, 제공할 수 있도록 기업 내의 모든 부서와 조직 구성원이 수행하는 품질개발, 품질유지, 품질 향상의 노력을 통합시킨 효과적인 시스템 의미(1950년대~1970년대)
- 종합적 품질경영(Total Quality Management)
종합적이란 최고경영자의 강력한 리더십 아래에서 전 종업원이 품질에 관한 여러 노력 추구 의미, 품질이란 조직의 모든 측면에서의 우수성 의미, 경영은 품질의 방침 및 계획을 정하고 조직을 만들어 이것을 전략적 과정으로 운영한다는

것을 의미

6시그마, 창조적 프로세스 등(1980년대~현재)

품질 분류

- 요구 품질: 소비자의 기대품질로 '당연히 있어야 할 품질이다'의 목표 품질
- 설계 품질 : 요구 품질을 실현하기 위해 제품을 기획하고 그 결과를 시방(Specification)으로 정리하여 도면화한 품질
- 제조 품질: 실제로 제조된 품질 특성 '실현되는 품질'의 합치의 품질
- 시장 품질: 소비자가 원하는 기간 동안 제품의 품질이나 지속적으로 유지될 때 소비자가 만족하게 되는 품질(사용품질)

2) QC 7가지 도구(Tool)

(1) 특성요인도(Fishbone Diagram)

- 특성요인도(Fishbone Diagram): 품질 특성치가 어떤 요인에 의해 영향을 받고 있는가 조사하여 이것을 하나의 도형으로 묶어 특성과 원인과의 관계를 나타낸 것

- 품질 특성과 요인 사이의 관계를 나타내는 그림으로, 이골형(漁骨形)의 도형이 사용되며, 생산공정에서 일어나는 문제의 원인과 결과와의 관계를 체계화하여 도시한 것
• 작성방법
  - 관심 있는 결과특성(품질, 생산성, 원가, 납기 등)을 정함.
  - 큰 가지가 되는 화살표를 왼쪽에서 오른쪽으로 긋고, 그 끝에 앞에서 정한 결과특성을 적음.
  - 결과특성에 영향을 주는 주요요인을 분류하여 중간가지로 작성

〈특성요인도 예(과자의 중량미달)〉

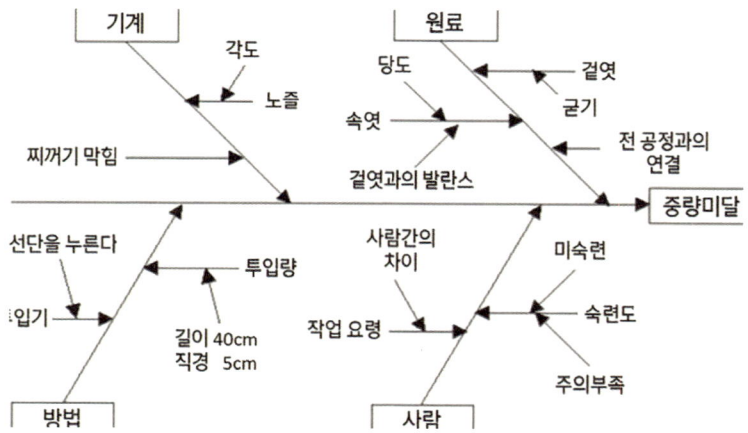

(2) 파레토 차트(Pareto Chart)

- 파레토 차트(Pareto Chart): 조건 요소들의 중요성을 보여주는 막대그래프로 문제해결 노력의 향상 및 서로 다른 문제 요소들 상관적 중요성 서술
    - 학습 조건을 선택(측정 단위, 기간 등)하고, 각 요소들의 정보수집 후, X축에는 요소들을 Y축에는 발생 정도를 나타내어 그 수치를 막대그래프로 표현
- 파레토 도표는 불량품에 대해서 불량원인별로 데이터를 취하여 그 영향이 큰 것 순(빈도수 또는 금액)으로 나타낸 도표

〈파레토 차트 예〉

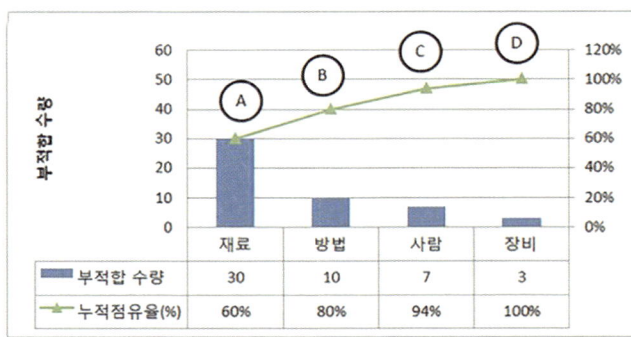

부적합요인	부적합 수량	점유율(%)	누적점유율(%)
재료	30	60%	60%
방법	10	20%	80%
사람	7	14%	94%
장비	3	6%	100%

(3) 히스토그램(Histogram)

- 히스토그램(Histogram): 길이, 무게, 시간, 경도 등을 측정하는 데이터(계량치)가 어떠한 분포를 하는지 한눈에 알아보기 쉽게 나타낸 그래프

〈히스토그램 종류〉

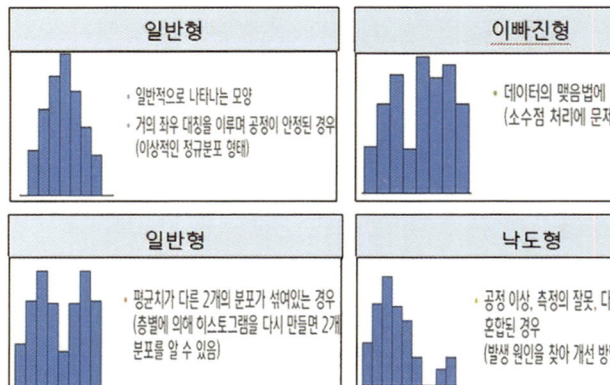

(4) 산점도

- 산점도
  - 두 개 이상 변수의 동시분포에서 각 개체를 점으로 표시한 그림

- 산점도란 두 종류의 데이터 관계를 그림으로 표현한 것으로, 한 대상에 나타난 2가지 현상의 데이터가 서로 상관이 있는지 없는지를 점의 흩어진 상태를 그려봄으로써 상관이 경향을 파악하고 필요한 조치를 취하도록 하는 방법

〈산점도 종류〉

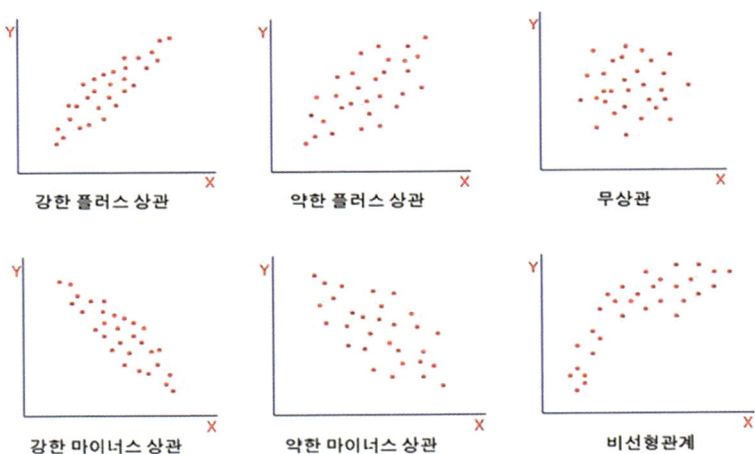

(5) **층별**

- 층별: 집단을 구성하고 있는 많은 데이터를 어떤 특징에 따라 몇 개의 부분집단(범주)으로 구분함으로써 문제의 원인을

파악하려는 방법
- 층별 활용: 전체 데이터에서는 막연했던 점들을 범주별로 층별화함으로써 좀 더 정확하고 유효한 정보를 획득할 수 있음.
- 층의 효과로는 전체 데이터에서 세분화 가능, 특성에 대한 원인별로 문제해결 가능

〈층별 예〉

항목	내용
시간	시간별, 오전/오후별, 주간/야간별, 일별, 주별, 월별, 계절별
작업자	개인별, 조별, 숙련도별, 남녀별, 연령별
기계장치	기계별, 공정별, 라인별, 기계제작처별
원자재	공급자별, 로트별, 구입시기별, 저장기간별
작업방법	작업방법별, 작업장소별, 작업조건(온도/습도 등)별, 속도별

(6) 관리도

- 관리도: 우연원인과 이상원인으로 인한 산포를 구분할 수 있는 중심선 상/하에 관리한계선을 그어놓고 공정의 상태를 나타내는 품질 특성치 타점하였을 때, 그 점이 관리한계선 안쪽에 있으면 그 공정이 관리(안정)상태에 있다 판단

- 그 점이 관리한계선 밖으로 나가면 공정에 이상원인이 존재하고 있다고 판단, 원인을 찾아 제거하고 재발방지를 위한 조치를 취함으로써 공정을 관리상태로 유지할 수 있도록 하기 위한 일종의 꺾은선 그래프
- 관리도 활용: 공정상의 이상 유무를 판단하고, 이상 발생 시 이상원인을 신속히 찾아내어 이상원인으로 인한 불량품이 대량 생산되기 전에 필요한 조치를 취하여 공정을 관리상태로 유지하도록 함으로써 적합품질을 달성하는 데 유용

〈관리도 예(X bar R 관리도)〉

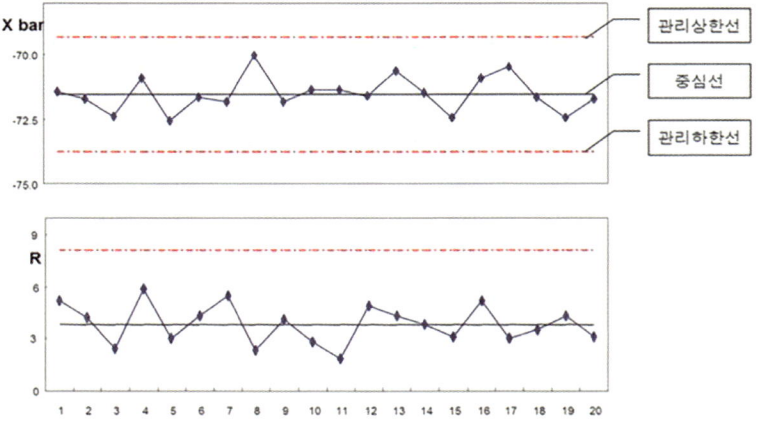

(7) 체크시트

- 체크시트: 데이터의 누락, 착오 등을 없애기 위해서 간단히 확인하여 결과를 알 수 있도록 만든 도표
    - 일의 결과를 간단한 기호로 표시하여 데이터 정리나 일이 문제 없이 진행되는지 확인할 수 있는 편리한 방법
- 불량수, 결점수 등 셀 수 있는 데이터가 분류 항목별로 어디에 집중되어 있는지 알기 쉽게 나타낸 표 또는 그림으로 공정으로부터 필요한 자료를 수집하는 데 가장 흔하게 사용되는 도구
- 목적: 문제점이 발생하지 않도록 사전에 확인, 공정의 문제점을 해결하기 위해 보고, 조사, 공정의 흐름을 파악하여 변화된 점을 기록하여 사고를 사전에 조치하기 위함.

⟨체크시트 작성방법⟩

| ✓ 데이터 분류항목 정의 (5W1H 활용) |
| ✓ 체크시트 형식 정의 |
| ✓ 기간을 정해서 데이터 수집 |
| ✓ 데이터를 체크하고 집계 |

〈체크시트 예〉

Defect Types/ Event Occurrence	Dates							TOTAL
	Sunday	Monday	Tuesday	Wednesday	Thursday	Friday	Saturday	
Supplied parts rusted		|||||||||	|||||	||||	||			20
Misaligned weld			|||			||		5

3) 6 시그마

6 시그마란

- 품질혁신과 고객만족을 달성하기 위해 전사적으로 실행하는 21세기형 기업경영전략
- 시그마(Sigma)라는 통계척도로 모든 품질수준을 정량적으로 평가하고, 문제해결 과정과 전문가 양성 등의 효율적인 품질문화를 조성하며, 품질혁신과 고객만족을 달성하기 위해 전사적으로 실행하는 21세기형 기업경영전략

6 시그마 목표

기업의 품질개선 운동에 전 종업원이 참여하는 것은 물론, 사무부분을 포함한 모든 프로세스의 질을 높이고 업무 비용을 획기적으로 절감하여 경쟁력을 향상시킴으로써 세계 최고의 기업이 되는 것임.

6 시그마 경영

- 효율적인 품질문화 정착을 위한 기업의 경영철학으로 종업원들의 일하는 자세·생각하는 습관·품질 등을 중요시하는 올바른 기업문화의 조성 의미
- 품질경영을 위한 기업전략으로서 모든 프로세스는 6 시그마라는 품질수준의 목표를 가지고 있으며, 혁신적인 품질개선이 요구됨
- 품질이 향상되고 비용이 절감되어 고객만족과 회사 발전을 이룸.
- 6 시그마 품질수준이란 3.4 PPM(Parts Per Million)으로서, 이는 '100만 개의 제품 중 발생하는 불량품이 평균 3.4개'라는 것 의미

6 시그마 단계

- MAIC: 6시그마 운동을 효과적으로 추진하기 위해 고객만족 관점에서 프로세스 문제를 찾아 통계적 사고로 문제를 해결하는 품질개선 작업과정을 '측정(Measurement)·분석(Analysis)·개선(Improvement)·관리(Control)' 4단계로 구분하여 실시함.

- 1단계: Measurement(측정)
    - 문제 수준을 측정하고 현 수준과 목표수준의 갭을 알아보는 단계
- 2단계: Analysis(분석)
    - 문제의 근본적인 원인을 분석하는 단계
- 3단계: Improvement(개선)
    - 개선 아이디어를 나열하고 개선안의 효과를 분석하는 단계
- 4단계: Control(관리)
    - 구체적인 유지관리 계획을 수립하는 단계

VI. 스마트팩토리 운영 전략

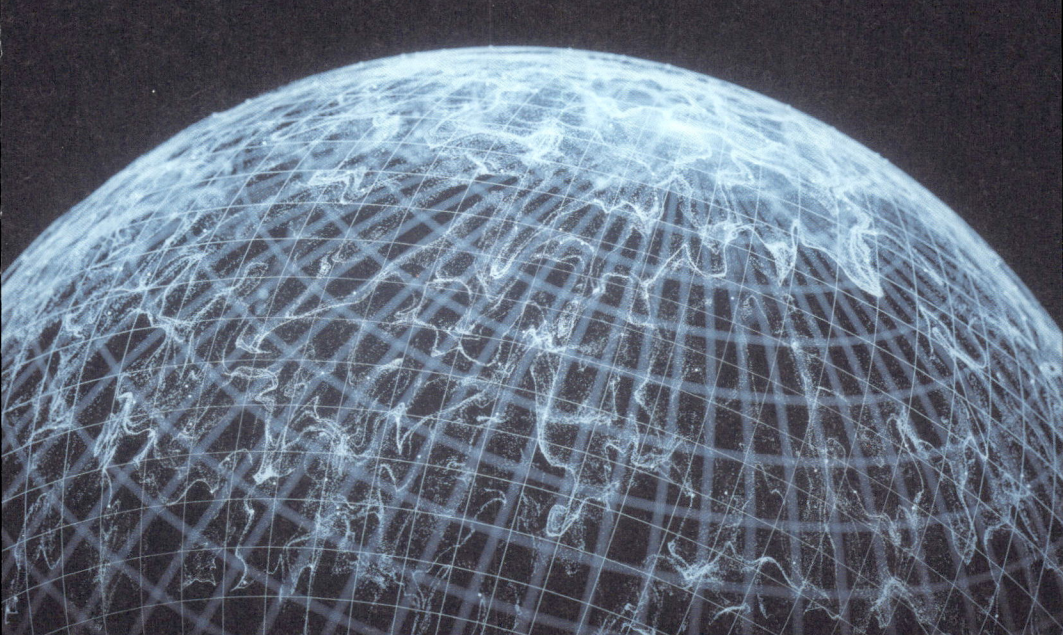

1. 경영전략

1) 전략(Strategy)

- 한 조직이 나아가야 할 장기적인 방향을 제시함
- 조직의 사명과 목표를 지속적 경쟁우위를 유지하면서 달성하고자 함.
- 가치 있고, 희소하고, 모방하거나 대체하기 어려운 자원을 활용하도록 하는 종합적인 행동 방안

2) 전략 수립의 이점

분명한 방향을 설정함.
- 경쟁자와 비교한 강점과 약점의 내용을 알게 됨.

- 기업이 보유한 주요 기능과 핵심 역량(Core Competencies)을 이용하여 프로젝트에 물적, 인적자원을 배분함.
- 급격하게 변하는 정치적·사회적 환경의 요소를 규명함.
- 경쟁자의 전략과 실행계획을 파악하여 이에 대응하기 위함.

3) 경영전략

기업의 사명과 목표를 달성하고 환경과의 관계를 관리하고 경쟁우위를 확보하기 위하여 전략을 수립하고 실행하는 과정(Process)

- 장기계획 또는 전략계획(Strategic Planning)보다 넓은 의미임.
- 지속적이고 반복적인 작업임.
- 일련의 절차를 거치는 과정임.
- 환경은 언제나 변하므로 이에 따라 기업은 사명과 목적을 달성할 전략을 계속하여 수정함.

4) 경영전략의 수립 절차

- 1단계: 외부 환경의 분석
- 2단계: 내부 자원과 능력의 분석
- 3단계: 기업의 사명과 목적 설정

- 4단계: 전략의 수립
- 5단계: 전략의 실행
- 6단계: 전략의 통제

2. 인력관리

1) HR 가치의 변화

변화 이전

- 제한적 직원 서비스/제한적 인력 계획/행정업무
- 다수/최소 비용으로 오류를 없애는 것이 목표

변화 이후

- 직원 경험에 초점/전략적 HR 계획 수립/제한적 행정
- 업무/표준 기반의 업무절차
    - Administraion 80% → 10%
    - Employee Service & Consulting 15% → 60%

- Strategic Planning 5% → 30%

2) Workforce Transformation

① Digital HR & Operation Minimize
② Future Skilling
③ Resource Mix and Cost Reduction

Digital HR & Operation Minimize

- HR For Operation → HR for Business Outcomes
- IT 시스템에 대한 비용 리스크 최소화
- 표준화된 시스템/Data 관리기준 보유
- 개인별 Profile 관리

Future Skilling

- 온라인 강의, New Skilling 전략, 적극적인 외부파트너 활용, 높은 몰입감과 개인화된 Skilling 경험 제공
- Top Tier 벤치마크
- 외부 채용(중요성/시급성 ↑ & 영향력 ↓)

Resource Mix and Cost Reduction

- 적합한 인력 선발(외부 인력 비율 최적화)
- Data 기반 HR Optimization Roadmap
- Organization Optimization

3) 인력운영 방안

스마트공장 운영의 가장 중요한 부문이 인력관리이다.

제품의 조립작업, 검사, 자재의 운반, 품질검사, 제품출하, 설비관리 등 이들 인력의 부족, 능력 부족, 부주의 등으로 인한 제품의 생산성 저하, 품질 문제, 안전문제를 유발할 수 있으므로 특별히 관리해야 하는 분야이다.

4) Activity

Process	핵심기술	수행 방법	Detail Items
1. Data 수집	사물인터넷 (IoT)	History 관리	이름, 근무처, 근무기간, 작업내용, 작업스킬, 품질능력, 주요기술, 강점, 약점
2. 저장 및 분석	Cloud, Big Data	작업 역량 분석	분야별 가능 업무 분류(제조, 품질, 물류, PRO-3M)
3. 가치 창출	인공지능(AI), 딥러닝	챗GPT, 다능공화	업무 적합성 판정(제조 체결, 결선, Clamping, Attach)
4. 최적화	기술융합 (Convergence)	O2O	Online & Offline, 분야에 맞는 최적화 업무수행 능력 (완벽한 품질/제조 체결 공정)
5. 시스템화, Process		Mobile	근태관리, 업무역량, 다능공화
6. Value		HR for Business Outcomes	Digital HR & Operation Minimize, Future Skilling, Resource Mix and Cost Reduction

기본교육

기본교육은 입사 후 지켜야 할 회사규정, 환경안전, 작업 시 불합리 발생 시 지켜야 할 기본적인 사항에 대한 교육이다.

No	Name	Work Station								교육수료
		1. 회사규정	2. 근무시간	3. 환경안전	4. 이상시 라인스톱	5. 시업전후 활동	6. PRO-3M	7. 제안	8. 기능교육
1	Maria								
2	Regina								
3	Rufos								

기능교육

기능교육은 생산성, 품질과 직결되는 아주 중요한 부분이다.

기능교육장을 설치하고 실제 작업과 유사한 부품을 준비하여 숙련도를 연습하고 평가하여 요구되는 능력을 확보해야 한다.

No	Name	판정기준	Work Station									Pass / Fail
			1. Fix Screw	2. Fix Bolt	3. Wire Clamping	4. Holder Insert	5. Connector	6. Hose Insert	7. Label Attach	8. Tape Attach	9. Remove Vinyl
1	Maria	숙련도 (Speed)									
		품질 (작업불량)									
2	Regina	숙련도 (Speed)									
		품질 (작업불량)									

근태관리

작업자의 지각, 조퇴, 결근으로 인해 공정에 변동이 생기면 생산성 및 품질에 아주 큰 영향을 미친다. 최소 1일 전 휴무 신청을 해야 하고 긴급한 일이 발생 시 생산 시작 전에 통보하여 미리 조치할 수 있어야 한다.

No	Name	Work Day															휴가	지각	무단결근	조퇴
		1	2	3	4	5	6	7	8	9	10	11	12	13	14	15				
1	Maria																			
2	Regina																			
3	Rufos																			

휴무관리

휴무관리는 1달 계획을 미리 세워 작업자별 중복으로 특정일에 휴무자가 많아 생산대응이 어렵거나 작업자에 의한 품질불량이 발생하지 않도록 일별 적절한 인력 휴무를 진행해야 한다.

Montyly	Day						Daily 2명
	Mon	Tue	Wed	Thu	Fri	Sat	
W1	Maria Regina	Rufos David	Todd Shelby	Shera Tonia	Sosa JC	Sandra Diego	
W2	Pred Chad	Jimmy Makia	Ice Teran	Ternesha Imelda	Jaffery Robert	Alexs Branjay	

PRO-3M

PRO-3M은 관리자 및 작업자 전원이 함께 활동해야 할 의식활동의 기본요소이다. 나의 설비, 나의 공구, 나의 작업 주변은 내가 스스로 청소하고 관리하여 깨끗하고 안전한 곳에서 좋은 품질을 만들 수 있다.

No	Name	판정기준	Audit									Excellent	Good	Bad
			W1	W2	W3	W4	W5	W6	W7	W8	W9			
1	Maria	Screw												
		Tape												
		Clean												
		Personal												
2	Regina	Screw												
		Tape												
		Clean												
		Personal												

작업불량

불량의 요소는 설계불량, 부품불량, 작업불량이 있다. 가장 자주 발생하는 것은 작업불량이다. 작업공정별, 작업자별 일별 불량발생 현황을 빅데이터화하여 불량 발생 요인을 분석, 개선해야 한다.

No	Name	Work Station	Work Day															작업불량
			1	2	3	4	5	6	7	8	9	10	11	12	13	14	15
1	Maria	Clutch Insert	1	0	0	0	0	0	0								
2	Regina	Tub Hose Insert	0	0	0	0	0	0	0								
3	Rufus	Tub Wire	1	0	0	0	0	0	0								
4	David	Tub Clamping	0	0	0	0	0	0	0								

작업정지

생산공정이 정지되는 경우는 설비 고장, 부품부족 및 불량, 작업자 대응력 부족이 있다, 가장 빈번히 일어나는 순간적인 작업정지 발생은 작업자로 인한 것이다. 작업 공정별 작업정지 횟수를 관리하여 어느 작업자로 인해 문제가 발생하는지, 어떤 요인으로 라인이 정지되는지 일별 관리하고 분석하여 대책을 수립하여야 한다.

No	Name	Work Station	Work Day															Line Stop
			1	2	3	4	5	6	7	8	9	10	11	12	13	14	15
1	Maria	Clutch Insert	1	0	0	0	0	0	0								
2	Regina	Tub Hose Insert	0	0	0	0	0	0	0								
3	Rufus	Tub Wire	1	0	0	0	0	1	0								

검사자 Dummy Test

검사는 기계 및 작업자에 의해 생산된 제품에 결함이 없는지 검사하는 것이다. 자동검사 외 사람이 검사하는 부분에 있어서는 아주 정직하게 검사하여 불량제품을 미리 발견하여 고객에게 좋은 제품만 공급되어야 한다. Dummy Test는 검사자의 검사 충실도를 확인하기 위해 임으로 불량품을 만들어 검사자가 검출하는지 평가하는 방법이다.

No	Name	Work Station	Work Day															검사불량
			1	2	3	4	5	6	7	8	9	10	11	12	13	14	15
1	Maria	Clutch Insert	1	0	0	0	0	0	0								
2	Regina	Tub Hose Insert	0	0	0	0	0	0	0								

다능공화

인력의 결근, 휴무로 인한 인력 변동 발생 시 대체인력의 능력부족으로 라인의 순간정지, 품질불량을 방지하기 위해 신규 대체인력은 쉬운 공정에 배치하고 기존의 여러 공정 작업이 가능한 다능공인력은 어려운 공정에 배치하여 인력 변동 시에도 생산성 및 품질에 영향이 없도록 해야 한다.

No	Name	Work Station									내 공정	Excellent	Bad
		1. Clutch Insert	2. Tub Hose Insert	3. Tub Wire	4. Tub Clamping	5. Motor Supply	6. Motor Fix	7. Stator Insert	8. Stator Fix	9. Saddle Insert
1	Maria									
2	Regina									
3	Rufos									

작업자 History

작업자별 근무이력, 주요기술, 확보기능, 다기능, 품질능력, 강점 및 약점을 파악하여 적재적소에 배치하여 작업자 효율을 극대화하여야 한다.

이름	근무처	담당업무	Job Position	근무기간	확보기능	품질능력	주요기술	자격증	문서작성	다기능	강점	약점	기타
Maria													

작업자별 업무 적합성 판정

작업자별 업무 History를 분석하여 작업자별 이상적인 공정배치를 통해 생산성 및 품질을 확보해야 한다.

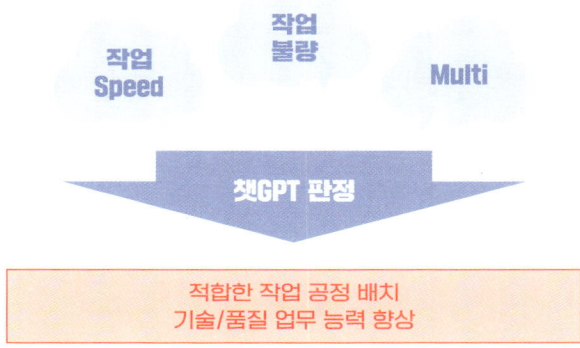

진화된 인력 공급 방법

진화된 인력 공급 방법은 단위 공정별 인력 공급보다는 Assy 작업, 즉 모듈별 인력이 공급되도록 하여 숙련도 및 전문성 확보로 균일 작업, 균일 품질을 확보할 수 있다.

Top Loading W/M 자동화 공정

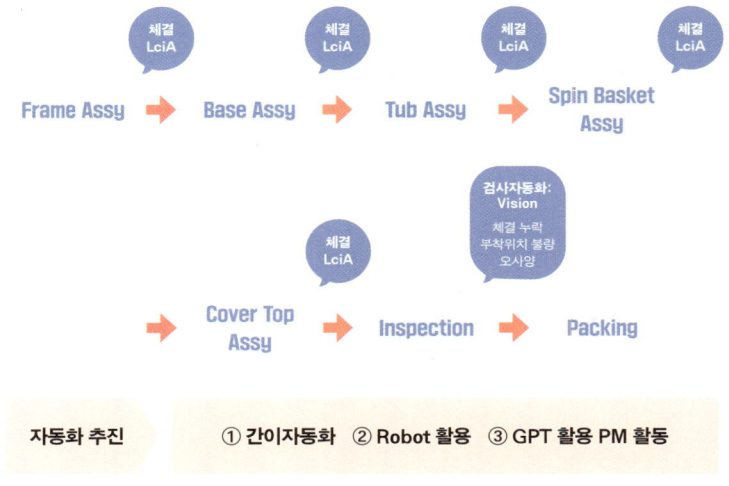

전문인력 준비

인력을 대체하는 로봇 및 자동화 설비 도입으로 전문성을 요구하는 기술확보가 필요하다. 전문인력을 복수로 준비하고 육성하여 Operation에 문제가 없도록 해야 한다.

Step	추진과제	세부추진 과제
1	자동화 설비 제작	설비 제작 업체 Contact • LCiA 　LCiA: Low Cost Intelligent Automation
2	자동화 설비 운영	• Operator 　Maintenance • Supervisor
3	Robot 운영	• Operator • Supervisor

Production Outcomes

인력관리 효율화를 통해 환경개선 및 생산능력 향상, 품질 향상, 불합리 개선을 통해 낭비를 개선하여 비용을 절감해야 한다.

Step	추진 과제	세부 추진 과제	개선 목표
1	환경 개선	PRO-3M • Process/Rule/Ownership • My Machine/My Job/My Area 3정 5S • 정품/정량/정위치 • 정리/정돈/청소/청결/습관화	Clean Factory
2	조립 Capa 향상	LOB 개선 • Neck 공정/단위공정 C/T분석 및 개선	30%

VI. 스마트팩토리 운영 전략

Step	추진 과제	세부 추진 과제	개선 목표
3	공정불량 개선 (폐기불량)	Self Inspection • 작업사양 숙지/Easy Work/Marking	30%
4	인력 성인화	작업동작 • Easy Work/Tool Quality/Material Position/Skill 자동화 (LCiA, Robot)	30%

5) 기능교육

- 기능교육 방법 : 정지 작업 목표 달성 후 이동 작업 실시
① 정지 작업은 생산라인 운영 Speed의 2배 빠른 속도 달성 가능하도록
   예) 생산라인 목표 라인 스피드 10초
     교육 목표 스피드는 5초
② 이동 작업 : 이동하면서 작업은 생산라인 운영 Speed의 1.3배 빠른 속도 달성 가능하도록
   예) 생산라인 목표 라인 스피드 10초
     교육 목표 스피드는 7초
③ 교육 최고의 목표는 눈 감고 양팔 묶고 생산라인 운영 Speed로 달성 가능하도록
   예) 생산라인 목표 라인 스피드 10초

교육 목표 스피드는 7초

6) 공정배치

공정 난이도별 인력 배치

- 쉬운 공정: 초보자 배치(신규 교육 완료자)
- 보통 공정: 보통 작업자(작업 1주일~1달 미만 작업자 배치)
- 난이공정: 숙련 작업자(작업 1주일 이상 작업자 배치)
    - 작업자 결근 시 대체 작업을 위해 다능공 육성
- 작업자 결근 시 공정배치 시 작업자 공정 난이도에 맞게 작업자 재배치
- 난이공정: 숙련자 이동 배치
- 보통 공정: 보통 작업자 또는 숙련자 배치
- 쉬운 공정: 초보자 배치

7) Easy Work/작업자 숙련도 향상

[개선 전]

- ▶ 신규 작업자 기본 교육
- ▶ 퇴사자/결근자 임의 배치
- ▶ 작업 후 Self Inspection 미흡

[개선 후]

- ▶ 신규 작업자 기능교육
  ① 체결 ② 결선
  ③ Clamping ④ 부착 및 제거
- ▶ 공정 난이도에 맞는 작업자 배치
  ① 신규 작업자 Easy 공정배치
- ▶ 작업 후 Self Inspection
  ① 작업사양 숙지
  ② Easy Work
  ③ Marking

3. 효율관리

　효율관리는 투입(In put)을 줄이거나 산출(Out put)을 늘려 효율을 향상시켜 투입비용을 줄이고 부가가치를 늘리는 중요한 사항이다.
　제조 효율성이란 낭비를 최소화하고 생산성을 최대화하면서 높은 품질의 제품을 생산하는 제조능력을 갖추어야 한다. 이를 통해 제조비용 절감과 최단 납기를 달성할 수 있다.
　투입되는 비용 증가요소는 작업자로 인한 작업스피드 저하 및 작업 실수로 인한 라인 정지, 부품공급 지연, 부품불량, 설계 미스로 인해 라인이 중지되고 생산이 지연되어 추가되는 작업시간 등이다.
　공정 편성의 불합리로 작업자가 과도하게 많이 투입되는 경우도 있다.
　산출량을 늘리기 위해서는 조립 공정의 Cycle Time 단축 및 설비의 Cycle Time을 줄여 시간당 일 생산능력을 키워야 한다.

제조 효율 향상으로 비용을 절감하고, 좋은 품질의 제품을 적기에 공급할 수 있다. 즉 최고의 제조 경쟁력을 갖추어 고객에게 싸게, 좋게, 빠르게 서비스를 제공할 수 있다.

1) 투입요소 불합리 개선

공정 프로세스 및 작업 표준화

- 개인별, 공정별, 라인별 작업을 표준화하여 최적화 방법을 수립하여 개인별, 라인별 산포를 최소화한다.
- 작업 표준화를 하면 예기치 않은 가동 중지 시간을 줄이고 전반적인 제품 품질을 향상시켜 효율성을 극대화할 수 있다.

작업자의 실수 및 능력 부족으로 Line Stop 관리 및 개선

작업자로 인한 Line Stop 관리

- 작업자들은 작업표준에 의해 작업을 진행하여야 한다.
- 작업전에 작업내용을 정확히 알아야 하고 기능을 확보해야 한다.
- 문제 발생 시 임의로 판단하지 말고 반드시 관리자에게 알리고 조치를 받아야 한다.

- 작업이 불합리한 경우 즉시 알려야 한다.
- 품질 문제가 있으면 스톱하여 추가 문제가 크게 발생하지 않도록 알리고 조치 후 다시 작업 진행한다.

공정별 라인 스톱 횟수 관리하고 분석하여 개선

- Big Data화
    - 라인 스톱 공정, 작업자 Data 관리
    - 라인 스톱 원인 분석

        라인 스톱이 발생하면 보통 작업자를 질책하는데 작업자의 문제는 30% 미만이다.

    - 문제 발생 시 작업자 Skill보다는 주변 요인을 먼저 점검한다.
① 부품불량은 없는지
② 부품배치는 근거리에 되었는지

    전면 〉 측면 〉 후면 순서로 우선 배치

③ Tool은 체결 시 직선 또는 수평으로 정확히 작업 가능한지
④ Tool 품질은 문제없는지
⑤ 부품의 조립구조는 문제없는지
⑥ 라인 스피드
⑦ 작업자 Skill
- 공정배치는 Buffer가 있도록 설치하여 자기 앞에 부품(Set) 작업 후 다음 부품 작업 미리 준비

2) 공정 편성 효율화

LOB(Line Of Balance) 개선

LOB는 작업자들의 작업량의 불균형을 일정하게 조정함으로써 라인이 균일하게 운영하게 되는 것은 물론, 시간 분석을 통하여 각 공정의 동작을 분석하여 Neck 공정이나 최소 작업공정과 작업 동작 불합리를 분석하여 개선할 수 있다. 이를 통해 인력 효율화 및 Tact Time 개선으로 생산성을 향상시킬 수 있다.

LOB 개선, 작업동작 Loss 개선

〈개선사례〉

[개선 전]
- ▶ 작업 인력 18명
- ▶ LOB 70%
- ▶ Neck 공정: Wire 삽입 16초
- ▶ Cycle Time 분석 현황

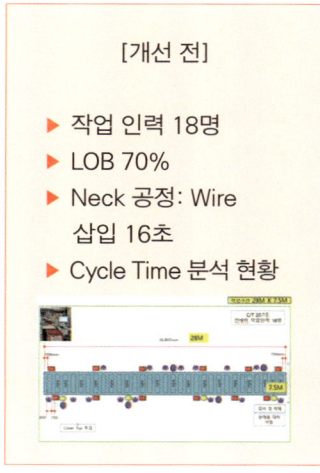

[개선 후]
- ▶ 작업 인력 16명
- ▶ Neck 공정 12초
- ▶ 동작 Loss 개선
  ① Tool Quality
  ② Tool Position
  ③ 부품위치
  ④ 부품품질
  ⑤ Line Speed
  ⑥ 작업자 Skill

3) 산출량 확대

- 생산능력 향상
    - 부품 수 단축
    - 부품 공용화를 통한 생산 모델 수 축소
    - 조립 공정 Cycle 단축
    - 설비 Cycle Time 단축

Tact Time 개선, 작업 효율 향상

<개선사례>

[개선 전]

- ▶ T/T 9.5초
- ▶ 작업효율 80%
- ▶ Neck 공정: 비닐 벗김

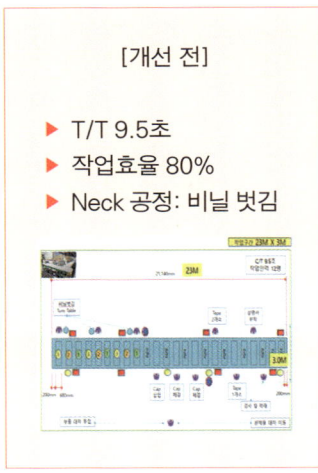

[개선 후]

- ▶ T/T 7.5초
- ▶ 작업효율 90%
- ▶ 동작 Loss 개선

Items		현재	개선
Tact Time(sec)		9.5	7.5
효율(%)		80	90
Capa(대)	1Hr	303	432
	8Hr	2,425	3,456

작업 효율 향상 – 설비 C/T 단축, 기종변경 시간 단축, 폐기불량 개선

〈개선사례〉

[개선 전]

- ▶ 설비 Cycle Time 8.8초
- ▶ 기종변경 시간 1Hr
- ▶ 폐기불량 개선

Items		현재	개선
Tact Time(sec)		9.5	7.5
효율(%)		80	90
Capa (대)	1Hr	303	432
	8Hr	2,425	3,456
※ 기종변경		30분	10분

[개선 후]

- ▶ 설비 Cycle 7.5초
  - ① 동작거리 최소화
  - ② 동시동작
  - ③ PLC 개선
- ▶ 기종변경 시간 10분
  - ① 지게차 2대 동시이용
  - ② 2인 1조 운영
  - ③ One Touch Clamping
- ▶ 폐기불량 개선

4. 청결관리

1) PRO-3M

청소 문화를 만들어야 한다

- 전원이 자발적으로 청소하는 문화는 보통 동남아시아 3년, 유럽 5년, 미국 5년 이상 소요
    - 관리자의 지시만으로는 문화가 형성되지 않는다.
- 솔선수범과 자기희생이 있어야 한다.
  최소 30분 전 출근하여 Operator와 설비 담당자 설비 점검내용 파악 후 청소를 실시한다.

PRO-3M

P: Process

R: Rule

O: Ownership

3M: My Area, My Job, my Machine

- 설비가 더러우면 문제가 보이지 않고 청소하다 보면 볼트 풀어짐, 느슨해짐 등 문제점을 발견하게 되고 사전에 조치하여 고장을 예방할 수 있다. 항공사의 경우 엔진의 먼지 청소를 해줌으로써 연간 50억을 절감할 수 있다고 한다.
- 화장실은 가장 깨끗하게 관리되어야 문화가 형성된다. 화장실에서 미팅 및 휴식을 취할 수 있도록 해야 한다. 가장 유명한 호텔 화장실을 벤치마킹해라.

2) 3정 5S

3정: 정품, 정량, 정위치

- 정품: 사용물품의 형태, 크기, 자재 취급(Material Handing) 성격에 따라 Grouping하고 정량 개념을 적용하여 사용하기 쉽

고, 눈으로 보는 관리를 실현한다.
- 정량: 재고를 한눈에 파악하고 '대개 이 정도가' 아닌 몇 개라고 확실하게 말할 수 있을 정도로 양을 관리할 수 있도록 한다.
- 정위치: 물품의 보관장소인 번지를 설정하고 적치방법 및 비치장소, 현품의 최대·최소 표시를 하여 물건의 위치를 누구나 쉽게 알 수 있도록 한다.

5S: 정리, 정돈, 청소, 청결, 습관화

- 정리: 정리란 필요한 것과 불필요한 것을 구분하여 불필요한 것은 과감히 버리는 행위를 말한다.
- 정돈: 필요한 것을 쉽게 찾아 사용할 수 있도록 각종 물품의 보관수량과 보관장소를 표시해 두는 것이다.
- 청소: 청소란 작업장의 바닥, 벽, 설비, 비품 등 모든 것의 구석구석을 닦아 먼지, 이물 등을 제거하여 더러움이 없는 환경을 조성하는 것이다.
- 청결: 청결이란 먼지, 쓰레기 등 더러운 것이 없이 언제나 깨끗하고 문제점(결함)이 발생되었을 때 이것을 한눈에 발견할 수 있는 상태로 유지하는 것을 말한다.
- 습관화: 회사의 규율이나 규칙, 작업방법 등을 정해진 대로 준수하는 것이 몸에 익어 무의식 상태에서 지킬 수 있는 것을 말한다.

〈3정: 정품, 정량, 정위치〉

구분	내용
정품	정해진 위치에 있어야 할 물품을 두는 것(품목, 수량)
정량	정해진 양에 맞춰 제품이나 부품 등을 유지하는 것 (적재공간의 크기 및 수량의 기준 수립)
정위치	제품이나 부품 등의 위치를 지정하여 일관성을 유지하는 것 (목록표 작성, 장소 · 번지 표시)

〈5S: 정리, 정돈, 청소, 청결, 습관화〉

구분	내용
정리	필요한 것과 불필요한 것을 명확히 구분하여 불필요한 것을 과감히 제거하는 것
정돈	필요한 것을 사용하기 쉽게 제자리에 놓아 누구나 알 수 있도록 명시하는 것
청소	항상 깨끗하고 정상적인 상태로 점검 및 유지하는 것
청결	정리, 정돈, 청소된 상태를 철저하게 유지하고 관리(개선)하는 것
습관화	정해진 것을 정해진 대로 올바르게 실행할 수 있도록 습관화하는 것

3) 현장환경개선/대차 파손 & 이물 개선/물류개선

〈개선사례〉

[개선 전]

[개선 후]

- ▶ PRO-3M 활동
  - Process/Rule/Ownership
  - My Machine/My Job/My Area
- ▶ 3정 5S 활동
  - ① 정품 ② 정량 ③ 정위치
  - ① 정리 ② 정돈 ③ 청소
  - ④ 청결 ⑤ 습관화
- ▶ Trolley Hospital 운영
  대차 수리 및 제작
- ▶ 물류개선
  정량/정시 공급

4) 제조 현장 청결활동

<개선사례>

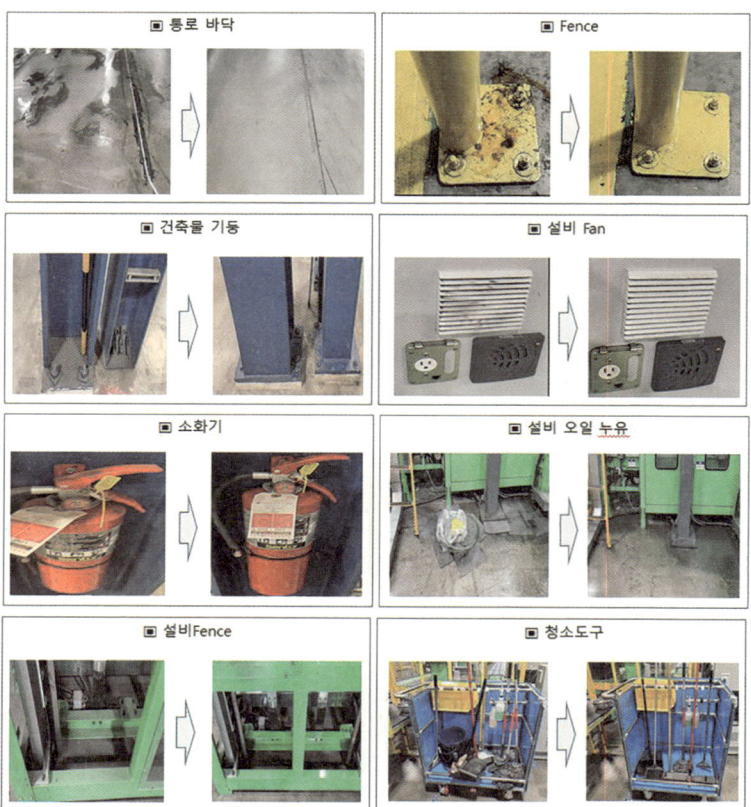

5) 5S활동과 낭비의 개선효과

물건을 찾는 낭비의 절감

공구를 찾고, 재료를 찾고, 생산 중인 부품을 찾거나, 작업기준을 찾는 등 현장에서 여러가지 물건을 찾는 번거로움을 개선할 수 있다.

운반 낭비의 절감

선입선출이 이루어지지 않고 불필요한 운반으로 발생하는 인력의 비부가가치를 줄일 수 있다.

불량을 만드는 낭비의 절감

부품이 먼지로 인해 부품불량 및 불량이 만들어지는 것을 개선할 수 있다.
설비 고장의 원인이 되면 이는 품질에도 영향을 미친다.

안전사고 발생에 따른 낭비 절감

현장 내 자재 방치 및 물, 오일 누유로 인해 발생할 수 있는 사고로 작업이 중단되는 낭비를 개선한다.

납기지연의 낭비 개선

생산 중인 물건이나 제품의 정리정돈이 안 되어 우선순위가 잘못되어 납기 지체가 발생하는 것을 개선할 수 있다.

5. 설비관리

1) 설비 점검계획 수립하기

설비 점검 기준의 작성

설비 점검 기준은 생산계획의 달성을 위한 설비 가동 계획에 적합하도록 설비의 고장 및 사고 예방을 위해 작성한다. 설비 점검 기준을 바탕으로 작성되는 일상 또는 정기 점검은 가동 중인 설비의 이상 징후를 발견하여 고장 전에 제거하고, 차기 보수에 필요 사항 등을 찾아냄으로써 설비의 안전·안정 가동을 가능하게 해준다.

점검항목	구분	일상 점검 대상
구동 · 전달 요소	구동 요소	• 전동기 본체, 변 · 감속기 등 구동 요소의 마모, 이완, 변형, 탈락, 부식 등이 없고 청소 상태가 좋을 것 • 구동 요소의 불량에 의한 진동, 소음, 누설, 누기 여부를 확인할 것
	전달 요소	• 축, 벨트, 체인, 커플링, LM Guide, 브레이크, 캠 등 전달 요소의 이완, 변형, 탈락, 부식이 없을 것 • 전달 요소의 불량에 의한 발열, 진동, 소음 발생 여부를 확인할 것
윤활 장치	윤활 장치	• 오일 펌프, 탱크, 자동 주유기 및 급유 배관 등 윤활 장치의 작동 상태, 변형, 부식 등 이상이 없을 것 • 오일 게이지, 급유 펌프의 온도, 압력 등이 적당한지 확인하고, 청소 상태가 좋을 것 • 윤활 장치의 불량에 의한 진동, 소음, 누설, 누기 여부를 확인할 것
	윤활 상태	• 적합한 오일을 규정된 주기, 방법, 양에 맞게 주유 여부 및 윤활 상태는 적당한지 확인하고, 청소 상태가 좋을 것

일상 점검 항목의 자주 · 계획 보전

설비의 안전·안정 가동이라는 점검의 목적을 달성하기 위해서는 단순히 설비의 이상 상태만을 살피는 점검이 아니라 소정비, 급유 및 청소 등과 함께 실시하는 형태로 점검이 발전해 나가고 있다.

이러한 활동을 생산 부서에서의 자주 보전, 보전 부서에서는 계획 보전으로 부르고 있으며 설비관리의 양대 축으로 볼 수 있다.

자주 보전

자주 보전이란 작업자 개개인이 '자기 설비는 자기가 지킨다'는 것을 목적으로 자기 설비의 일상 점검·급유·부품 교환·수리, 이상의 조기 발견과 조정 등을 실시하는 보전 형태라고 볼 수 있다.

계획 보전

계획 보전이란 설비·공정을 계획적으로 예방 보전, 예지 보전, 개량 보전 및 보전 예방을 실시하여 줌으로써 보전 체계의 유효성, 경제성을 실현하고자 하는 보전 형태라고 볼 수 있다.

구분	실시 주관	점검의 목적	점검 방법의 특징
일상 점검	생산 부서	설비의 안전·안정 가동	가동 중 운전 상태 확인 및 경정비
정기 점검	보전 부서	설비의 설계 수명 유지	운휴 중 개방(Overhaul) 및 정비 항목 결정
정기 정밀 점검	보전 부서	설비의 안전·안정 가동	가동 중 운전 상태 정밀 점검(진단 장비 활용)

일상 점검계획서 작성 사례

운전 부서는 매일, 보전 부서는 2주에 1회 점검을 실시하도록 역할 분담이 되어 있는 것을 알 수 있다.

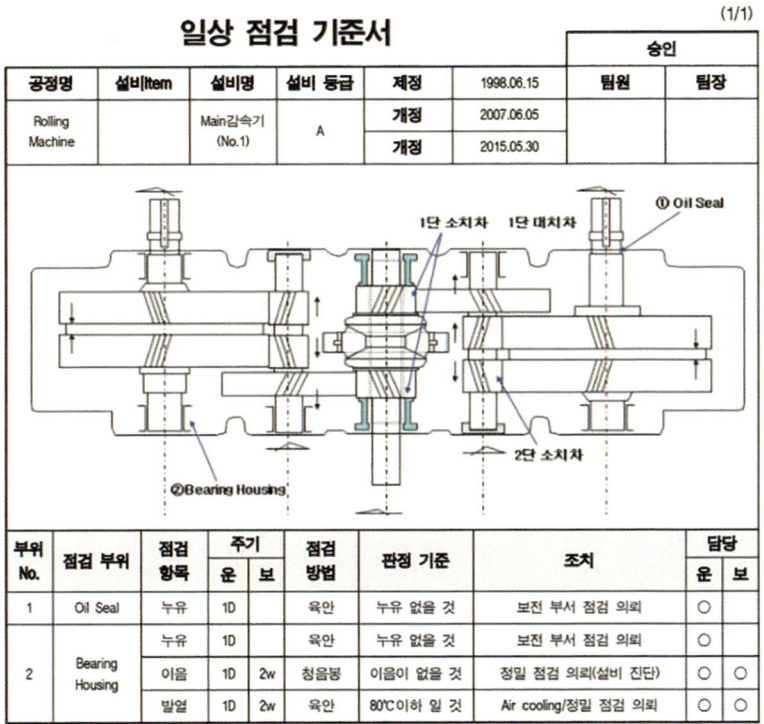

2) 설비 일상 점검 실시하기

일상 점검 체크리스트 작성 사례

이상이 있을 시만 √ 표시를 하도록 하여, 문제점이 잘 드러나도록 하였다.

공정명 설비명 점검자		인발 FM(#1-6) 근무자 (주간, 작업시작-30분)			(1)월 혼합기 점검 체크 시트	결재	담당	과장
점검 개소		점검 항목	점검 방법 판정 기준	주기	1 2 3 4 5 6 7 8 9 10 11 12 13 14 15 16 17 18 19 20 21 22 23 24 25 26 27 28 29 30 31			
체인 콘베어	롤밸브	청소	육안/이물질,오염	D				
	센서	청소	육안/이물질,오염	D				
	내경 작동유	주유	주유기 (OPLT-14-003)	W	○ ○ ○ ○			
조인트	조인트	파손	육안/체임, 크랙 등 점 부위 3mm ↓	D				
	플러그	협착	육안/유격	D				
	실린더 로드	파손	육안/파임	M	○			
회전기	상부 베어링	온도	온도계/55℃ ↓	D				
		주유	그리스건/ YCG2 5g	D				
	고정볼트	유동	스패너/풀림	W	○ ○ ○ ○			
	블로워팬/ 필터	소음	청음봉/65dB ↓	D				
메인박스		오염	육안/이물질	M	○			
	솔밸브	청소	육안/이물질	D				
	센서	청소	육안/이물질	D				
	실린더	청소	육안/이물질	D				
확인	점검항목 확인 후 점검자는 점검결과 (요주의: A, 이상 : ×, 이상조치: ●), 이상이 없을 시는 체크하지 않는다. 점검주기 구분은 D(일일), W(주간), M(월간) 로 구분한다.							
특기 사항	체크 시트 상의 점검 개소 이외의 이상 점검 내용:							

3) 설비 자주 보전 실시하기

설비의 특성에 맞는 자주 보전 계획 수립

- TPM

미국의 예방 보전(PM: Prevention Maintenance) 활동을 발전시켜 일본에서 시작된 TPM은 제품의 생산에 종사하고 있는 사람 전원이 생산 보전 활동을 통해 공장의 효율을 최대화시키고, 낭비를 제로로 하기 위하여 고장 '0', 불량 '0', 재해 '0'을 추구하고자 하는 활동이다.

여기서 생산 보전 활동이란, 설비 효율을 최고로 하기 위하여 보전 부문을 비롯하여 제조 부문, 기타 설비의 계획, 설계 부문 등 설비와 관련하는 모든 부문이 참여하는 활동을 말한다. 최근의 TPM 활동은 효율적인 공장 관리의 기본 활동으로 원가 절감, 품질 향상, 안전·환경 등에 많은 기여를 하고 있다.

〈자주 보전 7단계 활동〉

▶제7 Step : 자주 관리 철저
▶제6 Step : 자주 보전의 시스템화
▶제5 Step : 자주 점검 (공정 전문가 육성)
▶제4 Step : 총점검 (설비 전문가 육성)
▶제3 Step : 청소, 급유, 점검 기준 작성
▶제2 Step : 발생원, 곤란 개소 대책
▶제1 Step : 초기 청소

설비의 특성에 맞는 자주 보전 계획 수립

- 자주 보전 7단계 활동

  제1 스텝(초기 청소): 청소를 함으로써 설비 곳곳에 숨어 있는 결함을 찾아내고 가능한 한 스스로 고치는 것

  제2 스텝(발생원 · 곤란 개소 대책): 설비가 더러워지는 것을 원천적으로 막는 것

  청소 · 급유, 점검 등을 하기 쉽도록 개선하는 것이 목적이다.

  제3 스텝(청소 · 급유 기준의 작성): 지켜야 할 항목을 정리하는 것이다.

  지켜야 할 사항을 본인 스스로 결정하고 각 항목에 대해 준수 여부를 점검한다.

  제4 스텝(총점검): 설비가 고유의 기능을 충분히 발휘할 수 있

게 하려면, 생산 근로자는 설비의 구조를 잘 알아야 한다. 총점검에서는 기초적인 사항을 학습하고 기본적인 기능을 익힌 다음 실제로 설비를 점검한다.

제5 스텝(자주 점검): 제3 스텝에서 작성한 기준서에 제4 스텝에서 배운 사항을 활용하여 체계화하는 단계다.
꼭 지켜야 할 사항의 누락이나, 보전 부문과의 역할 분담을 확인하고 보다 지키기 쉽도록 개선한다.

제6 스텝(자주 보전의 시스템화): 생산 근로자의 역할을 설비(공정)의 전체적인 관련 작업까지 넓혀 더욱더 철저한 낭비 절감을 도모한다.

제7 스텝(자주 관리 철저): 제1~6 스텝까지가 자주 보전을 실행할 수 있는 사람으로 성장시키는 단계라면 제7 스텝에서는 자주적인 분임조 활동을 통해 실제 자주 보전을 전개한다.

〈자주 보전 활동 계획 수립 사례〉

구분	세부 내용	D년 6 7 8 9 10 11 12	D+1년 1 2 3 4 5 6 7 8 9 10 11 12	D+2년 1 2 3 4 5	비고
3S 활동	장치, 환안 개선	활동 My-Area →			담당 구역의 청정 환경 가꾸기
자주 보전 활동	1단계: 초기 청소	준비	1st Block →		분임조 담당 설비 My-Machine 개념 함양 및 자주 관리 개선 정착
	2단계: 발생원/곤란 개소	지도	2st Block →		
	3단계: 기준서 작성	지도	3st Block →		
	점검 체계 구축	지도		전체 →	설비 유지 관리 행동 기준 확립
교육 훈련	선진보전 분석 기법 설비보전 기술 교육		설비 도입 교육, 스팸 교육 개선 방법 OPL 교육, 설비 6대 낭비 감소 기법 교육	생산 효율화 16낭비 감소 기법 교육, 보전 기술 교육, 기법 교육	보전 기술 OPL 교육 설비 개선 기법 교육 선진 보전 기법 교육	설비 개선에 강한 전문 운전원 양성
Event	촉진 활동 행상		분업조 활동 자랑 대회, 활성화 이벤트 활동, 우수자 교류회 →		산혁신 활성화 혁신 문화 정착
	위원회, 스탭 진단		위원회 활동, 자체 생활화 진단, 스탭 판단, 이벤트 판단 →		

소정비 실시

소정비 활동이란 운전원의 주관하에 설비가 고장에 이르기 전에 고장의 징후를 보이거나, 초기 고장 시 설비의 간단한 수리를 할 수 있는 활동을 말한다.

불합리 발견과 개선(안) 수립, 실시 및 일상 점검 항목의 개정

| 설비 6대 낭비

불합리의 형태는 무수히 많다. 따라서 이의 시정을 위한 방법도 다양할 수밖에 없다. 그러나 불합리의 결과 설비 효율을 저하시키는 낭비 요인으로 구분하면 크게 6가지를 들 수 있으며, 이를 설비의 효율을 저해하는 6대 낭비라고 부른다.

- 고장 낭비: 돌발적 또는 만성적으로 발생하는 고장에 의한 생산 정지
- 준비·교체·조정 낭비: 모델 변경을 하고 나서 좋은 제품이 안 나오므로 계속해서 초물 작업과 조정을 반복하다가 시간을 낭비하는 경우
- 공전·잠깐 정지 낭비: 속도를 떨어뜨리고 있거나 속도가 늦어지는 경우, 설비가 때때로 잠깐 정지하여 조정하는 데 시간을 뺏겨 생산이 잠깐 정지되는 경우, 연속 생산 중에 가공 속도의 편차가 커서 생산량이 떨어지는 경우 등이 있다.
- 속도 낭비: 설비의 설정 속도와 실제 속도의 차이로서, 속도 낭비를 줄이는 것이 설비 효율화의 기본이 된다.
- 불량·재가공 낭비: 불량·재가공에 의한 물량 낭비로서, 만성적인 것은 원인 파악과 대책 수립이 어렵다.

- 초기 수율 낭비: 생산을 개시할 때 발생하는 낭비로서, 기술 부족에 주의해야 한다.

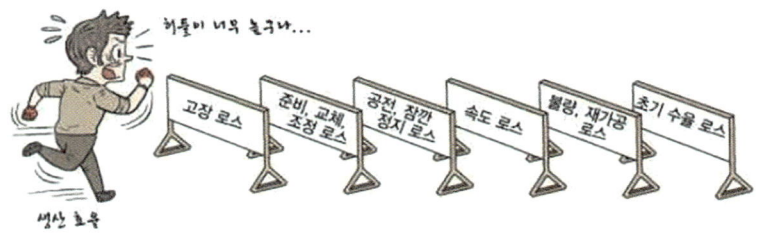

4) 설비 종합 효율 산출

설비 종합 효율(OEE: Overhaul Equipment Efficiency)이 있다.
설비 종합 효율은 '시간 가동율 × 성능가동률 × 양품률'의 곱으로 구해지며 산출 방식은 아래의 그림과 같다.

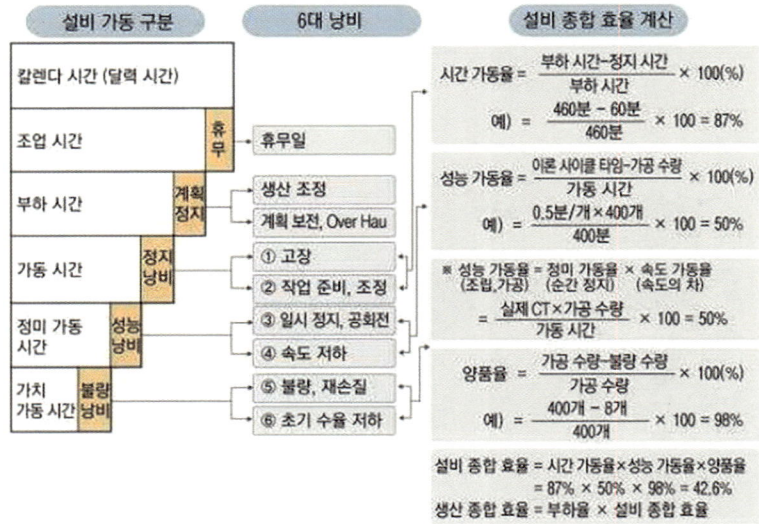

〈설비 종합 효율 산출 예제〉

Calendar 시간(480분)			
부하/조업 시간(460분)		계획보수(S/D) Loss (10분)	관리 Loss (10분)
가동 시간(C: 430분)		고장 Loss (30분)	
정미(실질) 가동 시간(D)	성능 Loss		
가치 가동 시간(E)	불량 Loss		

- 생산량: 650개, 불량 개수: 50개
- 사이클 타임: 기준 – 0.6분/개, 실제 0.66분/개
- 고장 건수: 2회

설비 종합 효율 산출

① 시간 가동률 = 가동 시간 / 부하 시간 × 100(%) = 430분 / 460분 × 100(%) = 93.5%

② 성능 가동률 = 실질 가동률 × 속도 가동률

$$= \frac{생산량 \times 실제\ C/T}{부하시간 - 정지시간} \times \frac{기준\ C/T \times 100(\%)}{실제\ C/T}$$

$$= \frac{650개 \times 0.66분/개}{460-30} \times \frac{0.6분/개}{0.66분/개}$$

$$= 90.7\%$$

③ 양품률 = 양품 수량/생산량 × 100(%) = 650-50 / 650 = 92.3%

④ 설비 종합 효율 = 시간 가동률 × 성능 가동률 × 양품률 × 100(%)

5) 주요 설비의 예비 부품(Spare Parts) 확보

- 부자재에 따른 설비별로 소모성 및 교체주기가 있는 부품에 대해서는 갑작스러운 고장에 따른 예비 부품(Spare Parts)의 준비가 필요하다. 또한 예방 대책으로 미리 설비별로 교체주기를 설정하고 정해진 교체주기로 교환할 수 있도록 예비 부품(Spare Parts)을 사전 구매로 항상 구비해 둔다.

〈설비 예방 정비 활동〉

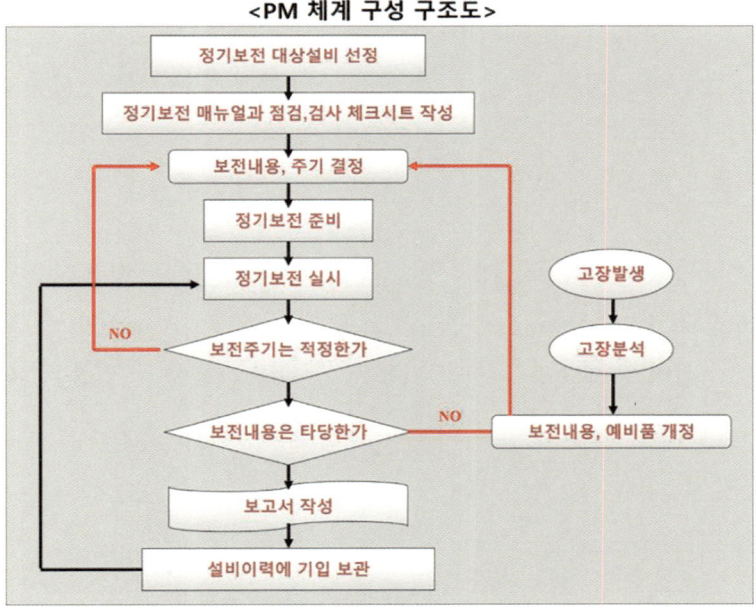

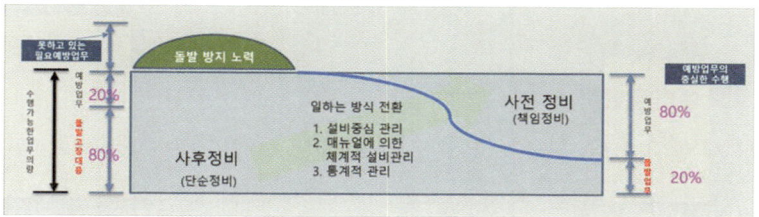

<일하는 모습의 변화>

설비 예방 정비 역할

Operator

- 설비관리의 주인은 Operator이다. Operator는 하루 종일 설비와 함께 일하므로 설비의 상태를 가장 정확히 알 수 있다. 설비가 이상소음, 마찰 등 비정상 상태일 때는 일일 설비 점검시트에 기록한다. 설비 담당자가 Patrol 점검하면서 즉시 수리 또는 예방 정비할 수 있도록 한다.

- Operator는 작업 시작 최소 30분 출근하여 설비 담당자와 설비 일상 점검을 실시한다. 컨베어 라인의 경우 마지막 공정부터 설비를 동작하여 Set(또는 부품)을 이동시켜 설비의 정상 동작 상태를 확인한다. 처음 투입공정까지 실시한다.
  만일 설비가 동작하지 않을 경우 작업 시작선까지 신속히 조치하여 작업 시작 시 라인이 스톱되지 않도록 한다.

- 설비는 나의 자동차, 나의 애인처럼 정성을 들여 깨끗이 관

리한다.

| **설비 담당자**

- 설비 담당자는 작업 시작 최소 30분 전 출근하여 Operator와 함께 설비 일상 점검을 실시한다. 컨베어 라인의 경우 마지막 공정부터 설비를 동작하여 Set(또는 부품)을 이동시켜 설비의 정상 동작 상태를 확인한다. 처음 투입공정까지 실시한다. 설비에 문제가 있을 경우 예방 정비 계획을 세워 수리한다. 만일 설비가 동작하지 않을 경우 작업 시작선까지 신속히 조치하여 작업 시작 시 라인이 스톱되지 않도록 한다.
- 작업 중에도 설비 상태를 점검하고 작업 중 설비 중단 시 10분 이내 조치한다는 마음으로 신속히 수리해야 한다.

설비 고장 대응 방법

- 설비 고장 시 Operator는 신속히 라인 스톱을 알린다. 설비 담당자는 즉시 현장으로 출동하여 10분 이내로 조치하고 만일 설비 수리에 시간이 소요되어도 1시간 내에 조치되어야 한다.
- 라인 리더 및 작업자들은 설비가 고장이 나더라도 1시간 동안 생산라인이 스톱되지 않도록 Back up Plan을 만들어야 한다. 예를 들어 수축 포장기가 고장이 날 경우 이동용 컨베어

를 설치하여 임시로 Set를 이탈하여 지속 생산이 진행되도록 하여 라인 스톱으로 인한 Loss를 없애야 한다.

6. 안전관리

1) 환경안전관리

Environmental Health and Safety

　기업 및 사업장에서 환경관리(폐수처리, 대기오염방지시설 운영, 물환경 보전법, 대기환경 보전법, 폐기물 관리법 등의 매우 다양한 환경 관련 법규 대응, 환경 관련 인허가 및 대관청 업무 등) 및 산업안전(근로자의 안전, 각종 공정설비의 위험요인 발굴 및 제거, 산업안전보건법 대응, 안전 관련 인허가 업무 등)을 담당하는 직무실 환경과 안전은 서로 다른 직무지만, 대부분의 제조업 사업장에서는 '환경안전팀'이라는 조직을 운영한다.

환경안전부서는 네 개의 조직으로 이루어져 있다

- 안전: 공정안전관리, 설비 점검 등 직접적인 사고를 예방하기 위한 활동
- 보건: 임직원 건강증진, 작업환경 측정 등 임직원의 질병을 예방하기 위한 활동
- 환경: 제품환경 관리, 수질/대기 관리 등 사외로 유해물질이 누출되는 것을 예방하기 위한 활동
- 방재: 소방대 운영, 위험물 및 인화성 가스 관리 등 화재를 예방하기 위한 활동

안전은 경영의 제1 원칙이다

- 안전사고는 Zero여야 한다.
    - 설비는 고치면 원래 상태로 유지할 수 있지만 사람은 다치면 원상 복구 되지 않는다.
    - 설비의 Door Lock은 절대 임의 해제 해서는 안 된다. 설비 고장 시 생산을 위해 설비를 중단하지 않고 임의로 Door Lock을 해제하고 설비 수리 하는 경우가 자주 있는데 절대 해서는 안 된다.

4) 환경안전보건 경영 정책

- 모든 임직원이 잠재적인 리스크를 체계적으로 식별·관리할 수 있도록 '안전경영방침'을 수립한다.

안전하고 건강한 근무환경 조성	잠재적인 위험요인 발굴을 통해 산업재해 위험요인을 사전에 제거하고, 근로자의 질병 예방 및 건강증진프로그램을 운영하여 안전하고 건강한 근무환경을 조성한다.
안전환경 법규 준수	안전보건 및 환경 관련 국내외 요구사항을 파악하여 이를 기반으로 관련 기준 및 내부 규정을 수립하고 경영시스템으로 구체화하여 철저히 교육하고 준수한다.
이해관계자 상생협력	이해관계자와의 원활한 의사소통과 상호협력 체계를 구축하여 관련 정보를 상시 공개하고 협력업체의 수준 향상을 위한 지속적인 지원을 실시하여 건강하고 안전한 동반성장 문화를 구축하며 지역사회 구성원으로서의 사회적, 윤리적 책임을 다한다.
기후변화 대응	신재생 에너지원을 이용한 생산시설을 운영하고 자원 사용을 최소화하여 오염물질, 온실가스 배출 감소에 기여하고 기후변화 영향을 최소화한다.
제품 전과정 책임주의	제품의 개발에서 폐기까지의 모든 과정에서 환경오염 저감과 지구환경을 고려한 전 과정 책임주의를 실천한다.

7. 소음관리

1) 소음이란

- 소음 규제기준 등에서 정하고 있는 큰 음량의 소리
- 대화, 회의, 생각, 수면 등을 방해하는 소리

2) 소음의 특성

- 소음은 주로 기계의 진동, 회전, 마찰, 충격 등에 의하여 발생
- 불규칙적이며, 여러 가지 주파수가 섞여 있는 복합음

3) 소음측정대상

- 공장·건설공사장·도로·철도·항공기 등 소음·진동이 발생하는 장소 및 설비

4) 환경관리인 교육

(1) 법정의무교육 대상자

환경관리인, 방지시설업에 종사하는 기술요원, 측정대행업에 종사하는 기술요원

(2) 교육주기

매 3년마다 1회 이상

(3) 교육기간

5일 이내

(4) 교육기관

- 국립환경연구원: 방지시설업, 측정대행업 기술요원
- 환경보전협회: 환경관리인

(5) 교육대상자의 선발 및 등록

- 교육대상자를 선발, 그 명단을 당해 교육과정 개시 15일 전까지 교육기관의 장에게 통보
- 교육대상자로 선발된 환경관리인은 당해 교육기관에 교육 개시 전까지 등록

(6) 환경관리인의 관리사항

배출시설 및 방지시설의 관리에 관한 사항
배출시설 및 방지시설의 개선에 관한 사항
기타 소음·진동 방지를 위하여 시·도지사가 지시하는 사항

(7) 환경관리인의 준수사항

- 배출시설 및 방지시설을 정상 가동하여 오염물질 등의 배출이 배출허용기준에 적합하도록 하여야 한다.

- 배출시설 및 방지시설의 운영에 관한 업무일지를 허위로 작성하여서는 아니 된다.

5) 정기지도 점검

〈지도 점검 종류 및 횟수〉

등급	기준(최근 2년 이내 지도 · 점검 결과)	지도 · 점검 횟수
청색	위반이 없었던 사업장(정상가동)	연 1회 이상
녹색	• 위반이 없었던 사업장 중 휴업 등 정상가동 이외의 사항으로 지도 · 점검이 불가능했던 사업장 • 소음진동 배출 허용기준을 2회 이하 초과하는 사업장	연 2회 이상
적색	소음진동 배출 허용기준을 3회 이상 초과한 사업장	연 3회 이상

※ 신규허가사업장은 녹색으로 분류
※ 사업장 등급구분은 매년 조정: 매년 말일까지

6) 수시점검: 필요시 수시점검

- 인원유발업체 등

가) 소음 측정 기준 및 조건

① 소음도가 높을 것으로 예상되는 지점의 지면 위 1.2~1.5 m 높이로 한다.
② 측정지점에 담, 건물 등 높이가 1.5m를 초과하는 장애물이 있는 경우에는 장애물로부터 소음원 방향으로 1~3.5m 떨어진 지점으로 한다. 다만, 그 장애물이 방음벽이거나 충분한 차음이 예상되는 경우에는 장애물 밖의 1~3.5m 떨어진 지점 중 암영대의 영향이 적은 지점으로 한다.
③ 소음계의 마이크로폰을 측정 위치에 지지 장치로 설치하여 측정하는 것을 원칙으로 한다.
④ 손으로 소음계를 잡고 측정할 경우 소음계는 측정자의 몸으로부터 50cm 이상 떨어져야 한다.
⑤ 측정소음도의 측정은 대상 배출시설의 소음발생기기를 가능한 한 최대출력으로 가동시킨 정상조업 상태에서 측정하여야 한다.
⑥ 암소음도는 대상 배출시설의 가동을 중지한 상태에서 측정하여야 한다.
⑦ 측정시각 및 측정지점 수 적절한 측정시각에 3개 이상의 측정지점 수를 선정 측정 하여, 그중 가장 높은 소음도를 측정소음도로 한다.

〈ISO 소음 환경기준 권장치[단위: dB(A)]〉

지역구분	시간대		
	낮	저녁	밤
주거전용지역, 병원 및 휴양지역	45	40	35
교외주거지역, 소도로지역	50	45	40
도시주거지역	55	50	45
공장, 상점, 간선 도로 등이 혼재된 도시주거지역	60	55	50
도시상업지역, 무역, 행정지역	65	60	55
전용공업지역	70	65	60

* dB(데시벨) : 소음의 단위

8) 현장은 휴게실처럼 조용해야 한다

- 작업자 건강을 위해 매우 중요한 활동이다.
- 현장 소음의 수준은 Max 80dB을 넘지 않도록 한다.
- 소음·진동 보호구를 착용한다.

구분	착용방법	사진
귀마개	① 귀마개 밀착상태 확인 ② 올바른 착용 시 본인의 목소리가 울리거나 크게 들림 ③ 착용 후 살짝 당겼을 대 빠지거나 움직이지 않아야 함. ④ 일회용으로 사용하며 매일 교체	
귀덮개	① 차음율에 따라 선택하여 착용 가능 ② 귀를 완전히 덮을 수 있도록 밴드길이를 조절하여 착용	

〈설비 및 현장 소음 개선 목표〉

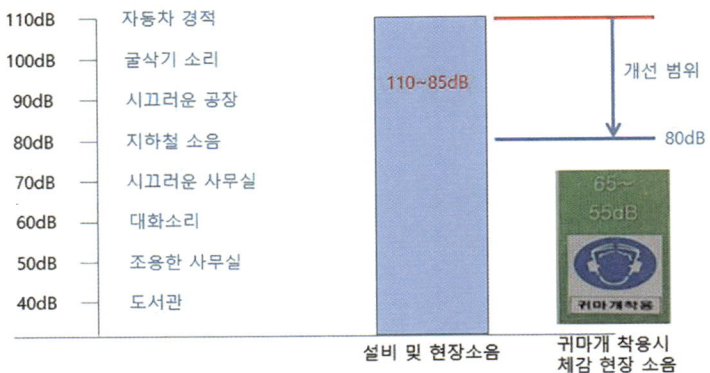

9) 소음 개선 방법

- 틀어막고, 감싸고, 덮고, 붙이고, 칸막이 세우고
- 발열, 화재 대책 감안하여 개선실시(방염재, 불연재)
- 일반적인 소음 개선(소음기, 에어호스 니플, 배관 Joint 등 기본 장비 복원 활동)
- 테마 활동 소음 개선
    - 작업소음(공구, 부품)
    - 운반구 소음(대차)
    - 발판소음(작업대 발판)
- 사용 자재 및 방법
  ① Noise Map 작성
  ② 소음기 설치
    - Noise Filter/요구르트병/물병/비닐지관
  ③ 방음재
    - 계란판/친환경 폐포장재/아크릴
  ④ 흡음재
    - 스펀지/뽁뽁이
  ⑤ 덮개 사용
  ⑥ 설비 외벽 설치
  ⑦ 동작 방식 변경(스크류식 컴프레셔 → 공기 압축방식)

⟨설비 및 현장 소음 개선사례⟩

[Noise Control Curtains]

[Noise Protection Tunnel]

[Noise Protection conveyor Covers]

[Noise Protect Top Cover]

[방음부스 설치]

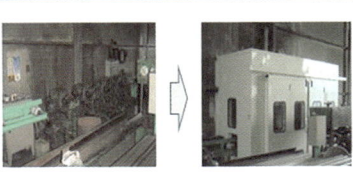

[검사용 계측기 설치]

[방음부스 설치]

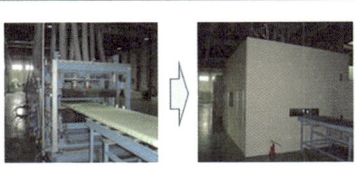

[커버 설치]

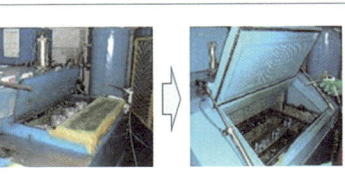

[Noise Map]

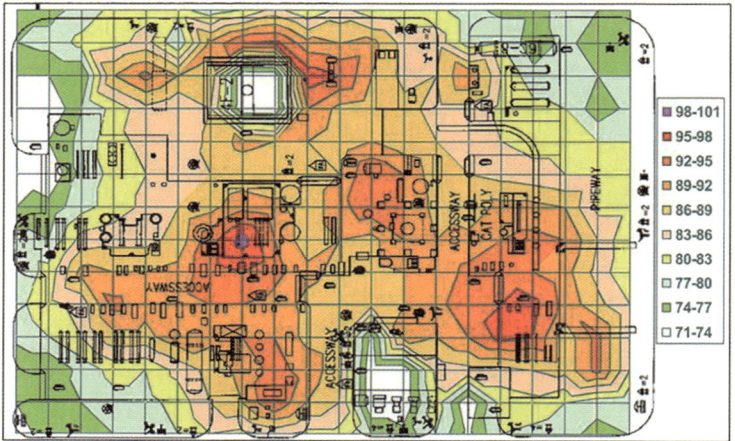

8. 비용관리

1) 경비 사용 계획을 한다

- 월별 계정별 사용 목표 금액을 정한다.
- 월 목표 금액을 주간 단위로 나누어 비용 사용 후 목표 내로 관리하는지 주차별 관리한다.

변동비(제조경비)	
노무비	월별 인원수 * 평균임금 적용
물류비	고객사 납품 및 자재수급 물류비
소모품비	제조 생산 관련 소모품 外
복리후생비	제조인력 관련 복리후생비
기타	지급수수료, 세금과 공과, 잡비 등

고정비(판매관리비)	
인건비	한국인 및 현지인 관리직 급여
수도광열비	수도 및 전력비, 가스료
감가상각비	건물, 기계장치, 공구와 기구, 기타
복리후생비	직원숙소 렌트료/도시락 대금/기타 등
지급수수료	용역대행료/회계기장료/은행수수료 등
이자비용	외국은행 차입 및 국내은행 차입이자
여비교통비	본사 및 협력업체 출장자 숙박비/교통비 등
사무/소모품비	업무용 PC, 프린터 구입/안전용품/사무용품 등
보험료	종업원 민간보험 회사부담분, 건물/화재보험, 종업원 상해보험, 업무용 차량 보험 등
세금과공과	급여소득세(회사부담분), 자동차세, 재산세 등
지급임차료	사무용 복합기, 출장자 차량 렌트비 등
기타	차량유지비, 통신비, 잡비 등

작업을 위한 동작은 일과 움직임으로 구분할 수 있다. 일은 부가가치 동작과 비부가가치 동작으로 나눌 수 있고 움직임도 단순 동작과 부수동작으로 나눌 수 있다. 순수하게 일을 하는 것은 부가가치 동작뿐이고 나머지는 모두 움직임, 즉 낭비로 보고 개선해야 한다.

〈제조 현장의 여러 가지 낭비〉

	낭비의 종류	낭비 내용	개선 방향
1	과잉 생산의 낭비	시장에서 필요로 하는 것보다 많이 생산하여 발생한다.	생산 관리의 규정대로 3정 확보: 정시, 정량, 정품
2	재고의 낭비	재고를 가짐으로써 문제를 회피하고자 하는 의식에서 발생	작업 여유 시간 제거 활동, 의식 혁신
3	대기의 낭비	재료나 작업의 기다림 또는 여유 시간에 의해 발생	작업자 간 작업시간 평준화
4	동작의 낭비	단순히 신체의 움직임은 부가가치를 발생시키지 못함.	작업 환경 개선, 동작 분석개선
5	운반의 낭비	창고에 저장, 옮겨 쌓기, 사용을 위한 운반 등으로 발생	물류 혁신, 근접보관, AGV 도입
6	불량 생산의 낭비	재료의 불량, 가공의 불량 검사의 불량 등	3불 활동, 근치개선

9. 작업 전, 후의 활동

1) 작업 시작 전

리더

- 작업 시작 30분 전에 출근하여 설비 및 인력 점검하고 PRO-3M 활동을 진행한다.
- 설비 점검 시 마지막 설비에 있는 제품(부품) 한 개를 이동시키고 이전설비로 이동하여 투입설비까지 이상 없는지 점검한다.

설비 Operator

- 작업 시작 전 30분에 출근하여 설비 Check List 점검 및

PRO-3M 활동을 진행한다.

2) 작업 중

리더

- 라인 Balane를 점검하여 품질로 인한 라인 스톱, 이탈 불량을 관리 및 개선한다.
- 라인 Balance를 점검하여 순간정지가 없는지 점검한다.
- 라인 Tact Time을 측정하여 목표 T/T와 비교하여 Over되면 Neck되는 공정을 찾아 Cycle Time을 측정하고 개선한다.
- 생산 Time별 생산 목표 달성률을 점검하고 미달 시 다음 Time에 달성방안을 수립한다.

설비 Operator

- 설비별 Patrol을 점검하면서 이상소음, 누유 상태 등 일반 점검을 실시한다.

3) 작업 후

리더

- 생산목표수량 Lot 마무리하고 생산달성율, 품질불량, 폐기불량율을 집계하여 개선 방안을 수립한다.

설비 Operator

- 설비 PRO-3M을 실시한다.

10. 조직문화

- 솔선수범하는 문화
- 열린 문화
    - 인격적으로 대하고 존중한다.
    - 회사 경영 설명회
    - 인간 존중, 소통
    - 공감
    - 동기부여(할 수 있다), 정보공유
- 깨끗한 문화
- 신나고 재미있는 문화
    - GWP
    - 소통, 면담
    - 건의
    - 분임조
    - 챔피언스리그
- 비용을 아끼는 문화

11. 목표관리

구분	단위	평가방법	연간 종합 실적	배점	KPI 목표
프로세스 준수	건	감사 지적 건당: 중(重) -0.5점, 경(輕) -0.2점(연 누계)	연 누계: (Σ실적 / Σ경영)	15	
실패건수	건	품질, 납기, 목표 미달 건당 0.5점 감점(월/년)	월별 평균: (AVERAGE (1월 점수: 12월 점수))	15	
일일결산 정확도	건	일 마감, 음수, 단가, ST 누락 건당 0.1점 감점 (월/년)	월별 평균: (AVERAGE (1월 점수: 12월 점수))	15	
(순)매출액	백만원	실적/목표	연 누계: (Σ실적 / Σ경영)	15	
세전이익	%	실적/목표	연 누계: (Σ실적 / Σ경영)	15	

구분	단위	평가방법	연간 종합 실적	배점	KPI 목표
총경비율	%	(목표*2-실적)/목표	연 누계: (Σ실적 / Σ경영)	5	
재고자산 회전율	회	실적/목표	월별평균 : 매출액/ (기초재고자산+ 기말재고자산)/2	5	
원가 절감 금액	백만원	실적/목표	연 누계: (Σ실적 / Σ경영)	5	
고객품질	ppm	(목표*2-실적)/목표	월별 평균: (AVERAGE (1월 점수:12월 점수))	5	
실패 비용금액	백만원	(목표*2-실적)/목표	연 누계: (Σ실적 / Σ경영)	5	

VII.
스마트팩토리 완성 후 모습과 기대효과

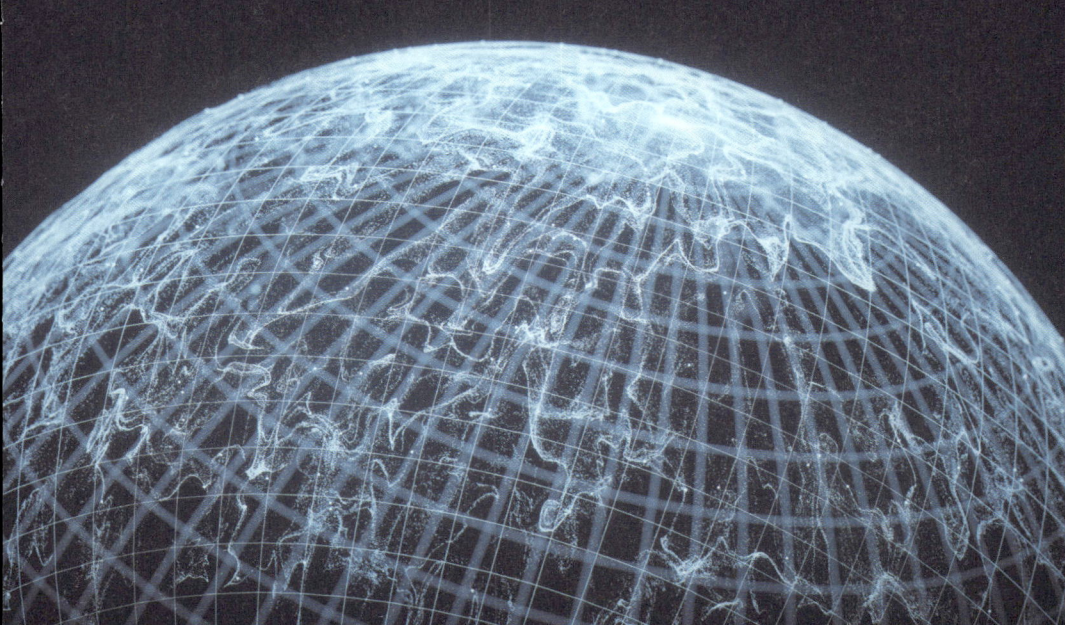

① 생산성 향상 ② 품질 향상 ③ 비용 절감 효과
④ 에너지 효율성 ⑤ 직원 만족도 향상 ⑥ 고객 만족도 향상

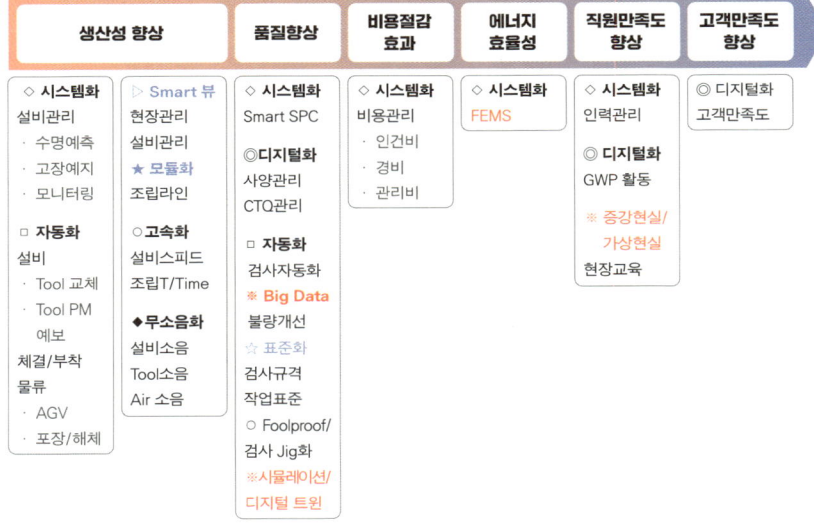

1. 생산성 향상

1) 시스템화

설비관리 시스템화

스마트 설비관리 시스템

공장 등에 설치된 생산설비에 대해 설비의 내구수명 전 주기에 걸쳐 고장을 예지하여 수리·관리하고 업그레이드 및 새로운 설비 교체, 중고기계 유통 등 설비기능을 유지·보전하는 데 필요한 체계화된 토털시스템

- 빅데이터, 인공지능, IoT 기술과 융합하여 생산관리, 생산설비 모니터링 등 상태 진단을 통해 설비의 수명을 관리하고 예방 차원에서의 교체나 수리를 가능하게 하여 생산에 차질

이 없도록 공장을 최적의 상태로 유지해 주는 시스템
- 생산 모니터링 및 진단 설비, 생산 및 설비 운영지원, 설비관리, 보수 및 교환재료, 안전·방재, 에너지 및 근무환경 개선, 생산시스템 시각화, 인프라 시설 검사 등 다양한 지원 활동 등을 통해 생산 효율성을 높이고 공장 등의 생산기능을 유지시켜 주는 역할

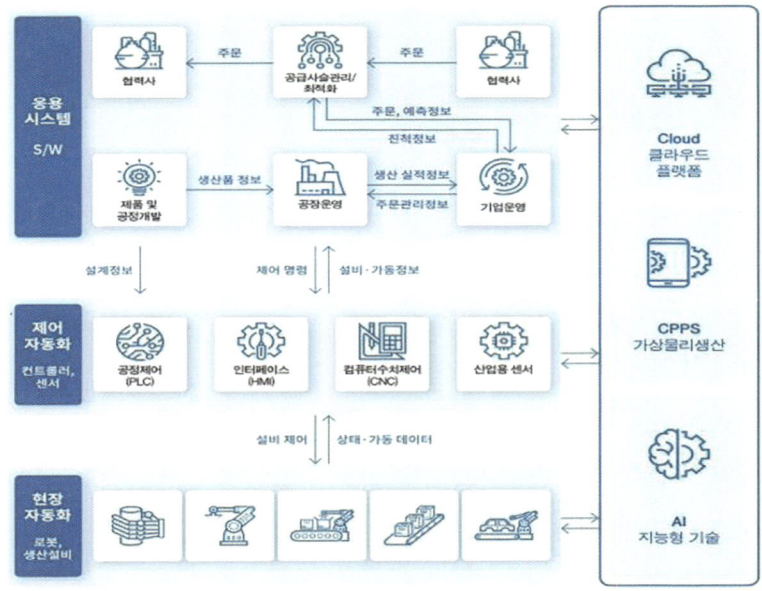

〈스마트 설비관리 시스템 분야 핵심기술〉

핵심기술	개요
AI 기반 부품 수명 예측 기술	• 부품별 수명을 예측하는 분석 모델 개발 • 통합적 정보를 토대로 선박 특성에 따른 주요장비의 기대 수명과 이에 따른 장비의 실제 작동 상태를 비교하여 수명 예측 • 데이터에 근거한 확률모델을 기반으로 부품의 수명을 예측 기술 • 잔여수명 예측 정확도
AI 기반 고장 예지 기술	• 수집 데이터를 통해 장비의 고장을 예측하는 분석 모델 개발 • 통합적 정보 데이터를 토대로 딥러닝 기법을 활용하여 선박 특성에 따른 주요장비의 이상 현상을 진단하고 예측 • 설비의 상황을 실시간으로 검출하고 이에 기반하여 고장을 예측하는 기술 • 고장 전 사전 감지 정확도
설비상태 실시간 모니터링 기술	• 설비의 데이터 수집 및 실시간 모니터링 기술 • 센서를 활용하여 선박 주요장비의 상태를 모니터링하고 고장을 진단하며 치명적인 사고에 대비할 수 있는 다중 시스템 통합 관리 기술 • 설비상태를 진단할 수 있는 센서로부터 얻어지는 데이터를 기반으로 설비상태를 실시간으로 모니터링하는 기술 · 시간 수집 데이터 시각화 시스템 구축
데이터 기반 부품 수명 및 고장 예측 기술	• 부품 수명 및 고장 예측 기술 • 해상환경과 선박 특성에 따른 데이터 취득, 전처리 및 특징인자 추출, 고장 진단, 수명 예측을 할 수 있는 PHM 기술 • 위의 기술들과 동일(실시간 모니터링, 고장 감지 및 고장/수명 예측을 모두 합한 내용), 데이터에 기반하여 부품의 수명과 고장을 예측하는 기술 • 데이터 수집, 처리와 분석 기술
설비 고장 현상, 원인, 조치 결과 등의 지식화 기술	• 설비 관리 및 운영의 전산화 • 각 센서별 연관성을 분석, 정보를 추출하여 육상기술지우너 클라우드 시스템을 통한 고장현상, 원인 및 조치에 대한 새로운 정보를 지식화 • 설비의 고장징후 감지와 문제의 원이 및 이에 따른 대응을 위한 지식구축 기술 • 실시간 수집 및 이벤트 데이터 저장
이상 징후별 근본원인 판별 기술	• 이상 징후별 패턴 분석 기술 • 이상 데이터 발생 전 단계 정보(Low DB) 및 정상 데이터와 이상 데이터를 지속적으로 취득 및 비교하여 학습하는 기술 • 설비의 실시간 이상탐지 및 원인 추론 및 판별 기술

〈설비 점검 및 가동 현황〉

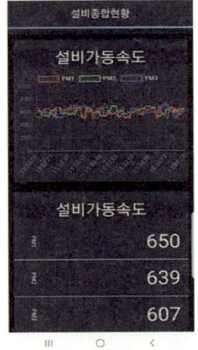 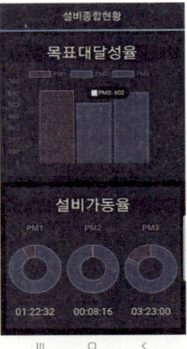 

설비 Tool 교체주기

〈동적 변화량 관리〉

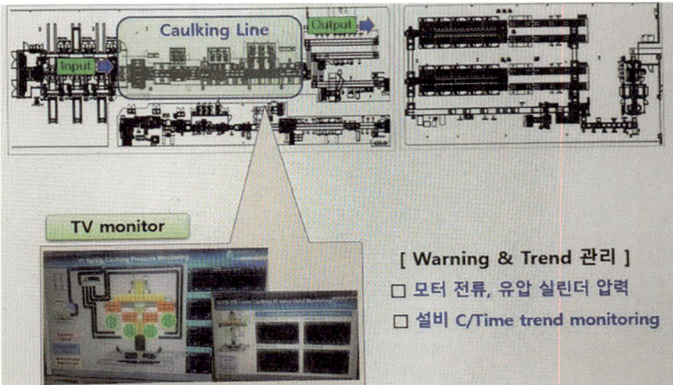

2) 자동화 구축

〈체결 자동화〉

〈라벨 부착 자동화〉

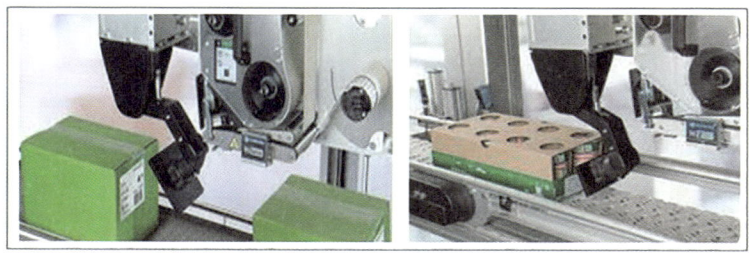

〈물류 자동화〉

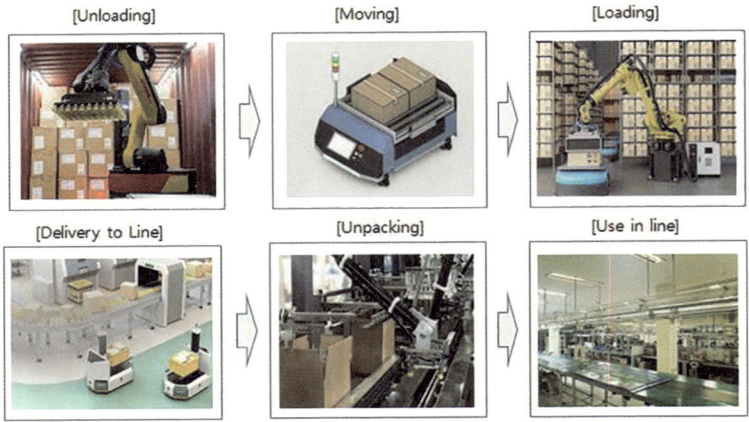

〈간이 자동화〉

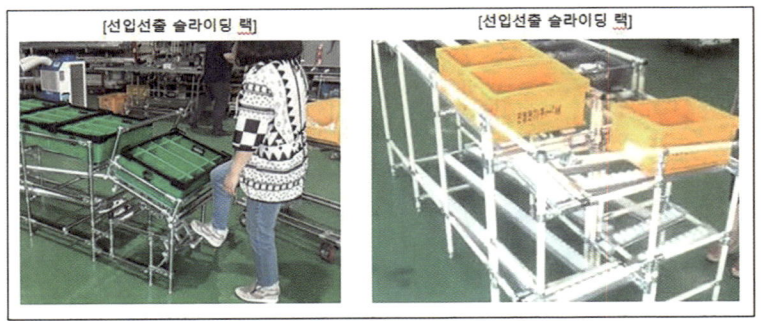

3) Smart View

스마트뷰는 제조 현장에서 독립적으로 운영되는 모든 모니터링 장치를 하나의 통합적인 개념으로 구조화하여 좀 더 편리하고 유연하게 관리하기 위한 디지털 정보시스템이다.

〈현장 모니터링〉

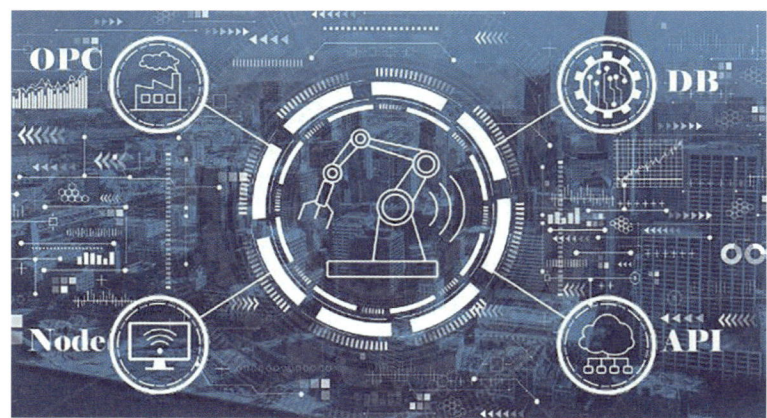

실시간 Tact Time 모니터링

<Pace Maker를 통한 공정 Neck 실시간 관리>

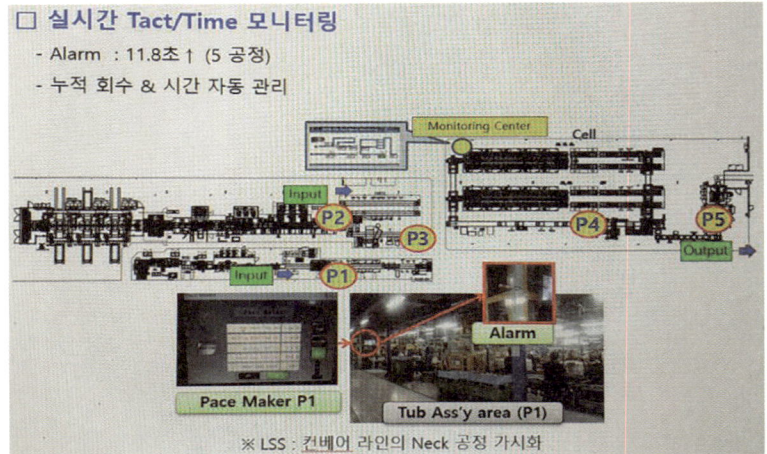

4) 모듈화 생산방식

모듈 생산방식은 사내 또는 외부 협력사로부터 부품 단위가 아니라, 그보다 큰 단위인 모듈로 공급을 받아서 내부에서는 이를 조립 또는 소규모의 가공만으로 완제품을 만들어 내는 생산방식을 의미한다.

① 메인 공정의 안정성을 높일 수 있다.

② 작업의 단순화, 표준화, 자동화에 유리하다.
③ 비용 절감 효과를 얻을 수 있다.
④ 규모에 대한 유연성을 확보할 수 있다.
⑤ 생산 효율화 작업에 유리하다.
⑥ 제품 다양성에 효과적으로 대응할 수 있다.

〈조립라인 모듈화 생산〉

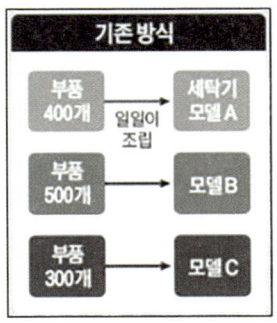 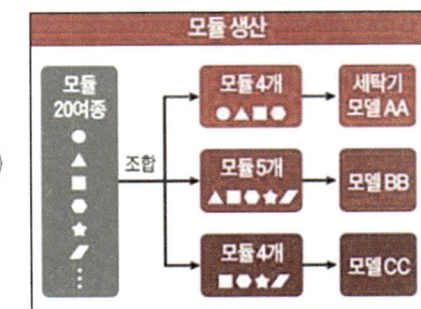

〈자동차 모듈화 사례〉

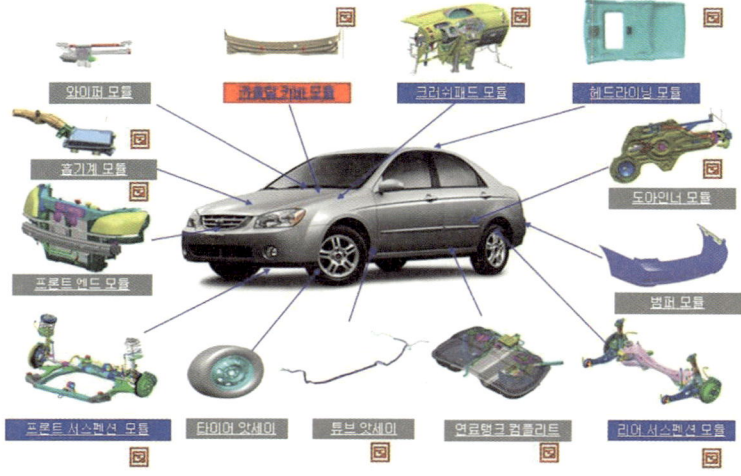

5) 고속화

설비 Speed

설비의 이동 진입·배출, 이동거리, 대기 Loss를 줄이고 설비 능력을 최적화하여 설비 스피드를 Up시킨다.

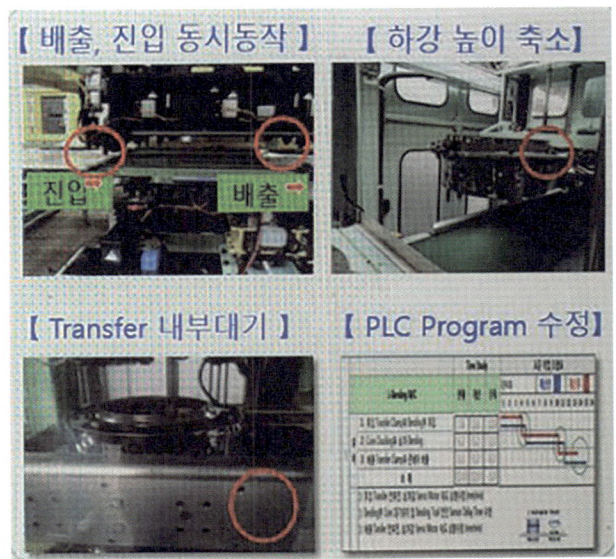

6) 무소음화

설비 소음, Tools 소음, 운반구 소음, Air 소음 등 발생원 제거 및 축소

[컨베어 롤러]

[작업 공구]

[운반구 바퀴]   [설비 구동부]

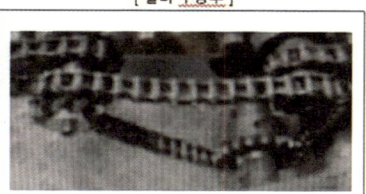

7) Cell 생산방식

대량 생산방식의 상징물이었던 컨베이어 라인 대신에 시작 공정부터 마지막 공정까지를 한 명 혹은 몇 명의 작업자가 팀을 구성해 부품의 창작에서부터 조립, 검사까지의 모든 공정 혹은 일부 공정을 담당하는 생산방식이다.

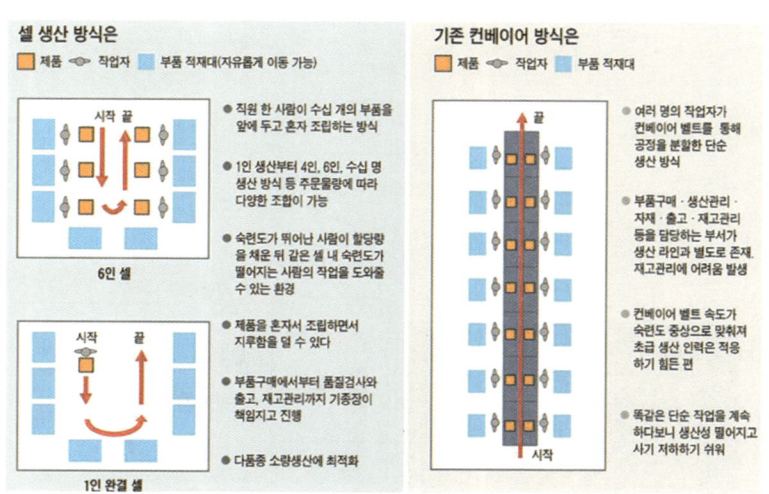

2. 품질 향상

1) 시스템화

Smart SPC

〈SPC (Statistical Process Control) 통계적 공정관리〉

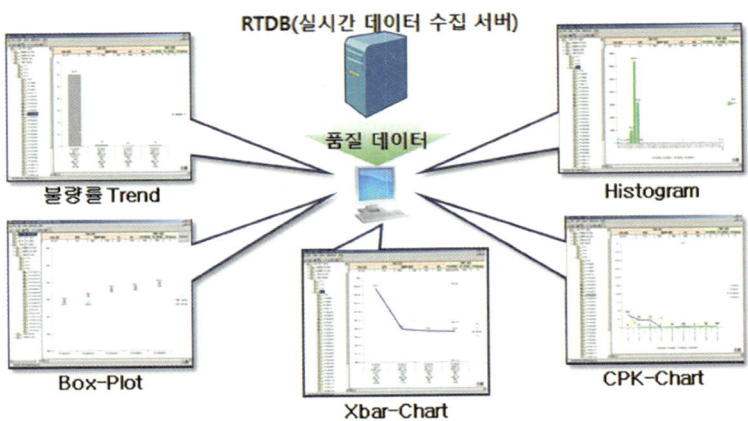

〈사양 관리〉

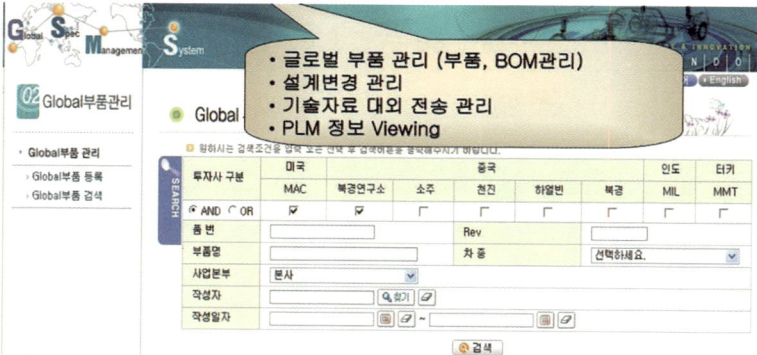

2) Digital화

〈CTQ 관리〉

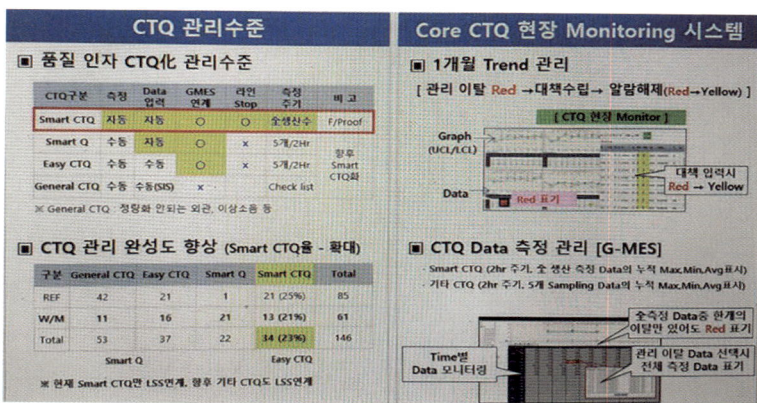

〈세탁기 소음검사〉

Smart 자동 검사	Digital 소음검사
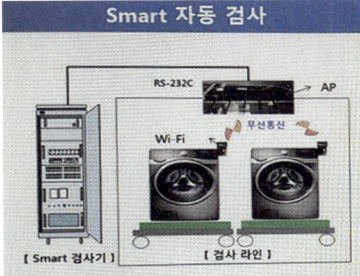	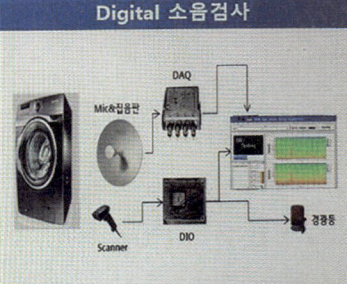

■ 무선통신(Wi-Fi) 활용 Smart 자동검사
- 검사 Mode 자동진입, 안전검사,
  Sensor Data 자동 획득 및 검사
• 개선 전 : 수작업 검사 (Digital율 : 73%)
• 개선 후 :   자동 검사 (Digital율 : 87%)
	■ 세탁/탈수 Mode 소음 검사 Digital 化
	- 소음 측정 Data Digital 변환 및 저장
	• 개선 전 : 검사원 관능 검사
	• 개선 후 : Digital 계측 검사
	  (불량수준 정량화 → 균일 검출력 확보)

3) 자동화

검사 자동화

〈세탁기 탈수조 부품 Hole 막힘검사〉

4) Big Data

<불량 개선>

정형/ 비정형 데이터 분석을 통해, 불량 발생 Trend, 패턴분석 및 Alarm rule을 생성

5) 표준화

- 제품 및 재료 규격류
- 검사 규격류
- 작업방법

규정류	제품(부품, 완제품) 및 재료 규격류	검사 규격류	작업 표준류
① 적용 범위	① 적용 범위	① 적용 범위	① 적용 범위
② 목적	② 종류, 등급, 호칭	② 검사 순서, 항목, 방식 및 조건	② 작업 품질(또는 목표 품질, 가공 특성)
③ 용어의 정의 (해당되는 경우)	③ 용어의 정의 (해당되는 경우)	③ 검사 로트 구성 및 검사 단위체	③ 사용 재료 (필요성이 있을 경우)
④ 책임과 권한	④ 구조	④ 시료의 채취 방법	④ 작업 설비 및 측정 기기
⑤ 업무 절차	⑤ 품질	⑤ 시험 및 검사 방법	⑤ 작업 순서, 방법 및 조건
⑥ 기록과 관리	⑥ 시험 및 검사 방법	⑥ 합부 판정 기준	⑥ 공정 관리
⑦ 관련 표준	⑦ 포장 및 표시	⑦ 검사 후 처리	⑦ 작업자의 자격 요건
⑧ 부칙		⑧ 검사 기록 및 관리	⑧ 작업 시 주의 사항
⑨ 업무 체계도 (Process Mapping)			⑨ 사고 발생 시 처리
			⑩ 작업자의 책임 한계 및 인계·인수 사항
			⑪ 기타 특기 사항

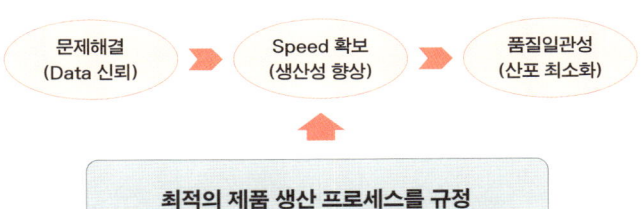

5) Foolproof화/검사 Jig화

〈실수 방지〉

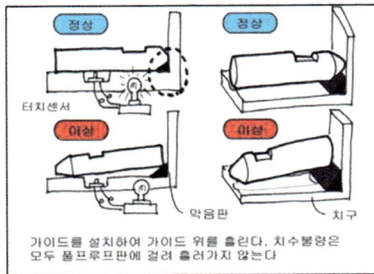

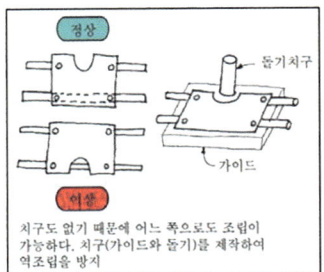

⟨Go-No Gauge 검사[검사 단순화]⟩

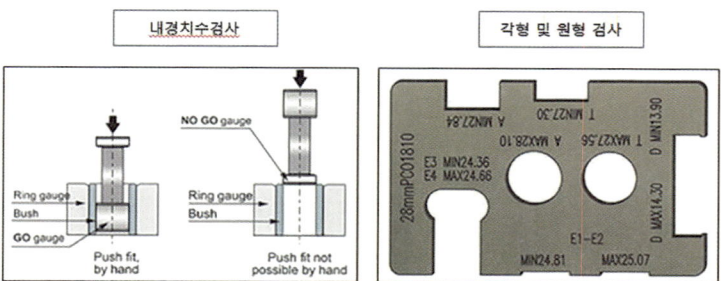

6) 시뮬레이션/디지털 트윈

디지털 트윈은 실시간 데이터 기반의 지속적 모델 업데이트와 최적화를 통한 예측이 가능한 반면, 전통적인 시뮬레이션은 고정된 모델에 기반한 분석을 제공

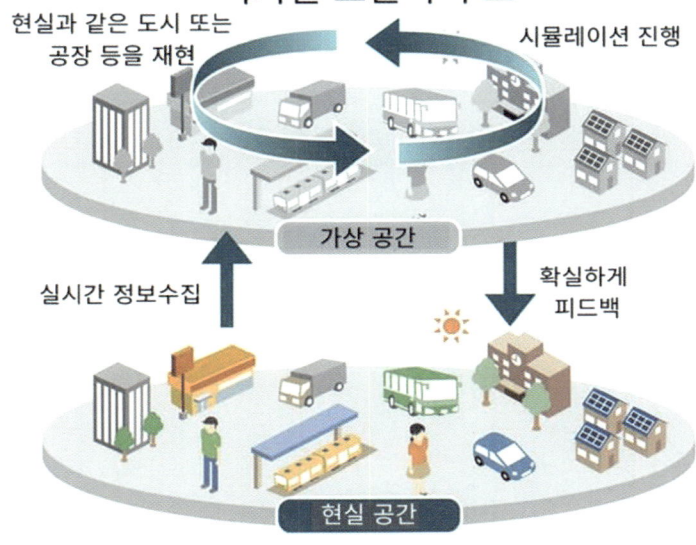

3. 비용 절감 효과

1) 시스템화

비용 관리

- 원가/손익분기점/영업이익율/변동비율/재료비율/인건비/경비/관리비

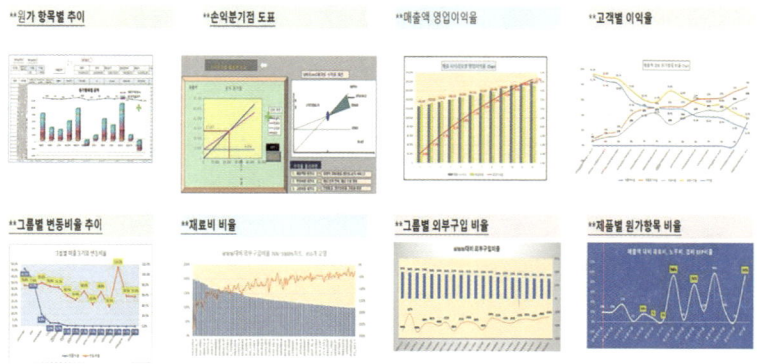

4. 에너지 효율성

1) 시스템화

FEMS

⟨Power/Gas/Water⟩

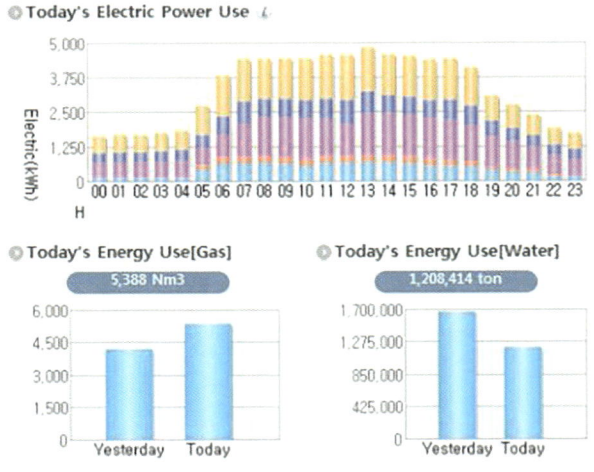

5. 직원만족도 향상

1) 시스템화

인력관리

〈연령 및 성별분포/성과에 따른 비용지불/인원수〉

2) Digital화

GWP 활동

〈Great Work Place〉

3) 증강현실/가상현실

〈현장교육〉

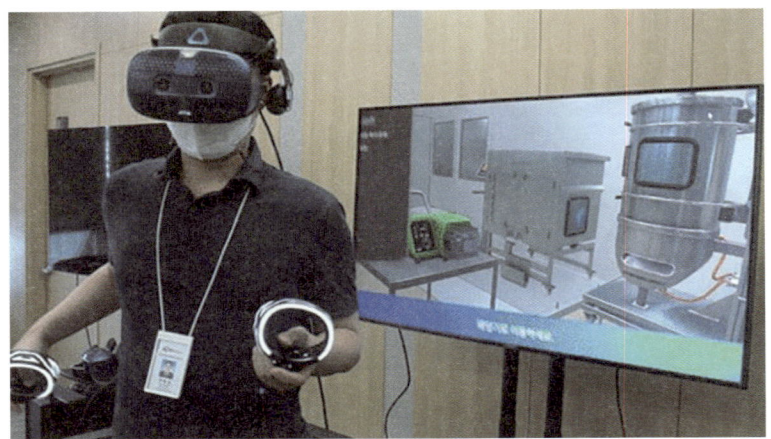

6. 고객만족도 향상

1) Digital화

<고객만족도>

7. 성과와 기대효과

1) 구축 성과

생산성 향상

- 공정 자동화 및 데이터 기반 의사결정으로 생산 시간 단축
- 동일 시간 대비 생산량 증가

품질 개선

- 실시간 품질 모니터링 및 불량 원인 추적
- 불량률 감소 및 고객 클레임 감소

비용 절감

- 인건비 절감(자동화 설비로 인한 작업 인원 최적화)
- 설비 고장 예측 및 유지보수 비용 절감
- 재고 최적화로 인한 재고 유지 비용 감소

납기 준수율 향상

- 공정 및 물류 흐름의 시각화로 납기 정확도 향상
- 고객 신뢰도 증대

데이터 기반 운영체계 구축

- IoT 센서, MES, ERP 등을 통해 생산 정보 실시간 수집
- 경영진과 현장의 데이터 공유 및 통합

2) 기대효과

경영효율성 증대

- 빠른 의사결정 가능(정확한 데이터 기반)

- 전체 공정 가시성 확보로 통합 관리 가능

고객 만족도 향상

- 품질 향상 및 납기 신뢰성 확보
- 고객 맞춤형 생산 가능(다품종 소량생산 대응력 강화)

경쟁력 강화

- 산업 변화 대응력 강화(스마트 제조 기반 확보)
- 글로벌 표준 및 인증 획득 용이

ESG 및 지속 가능 경영 기반 마련

- 에너지 사용량 관리 및 환경 데이터 수집 가능
- 작업자 안전관리 체계 강화

8. 효과금액 산출 방식

1) 스마트팩토리 도입 비용 분석

- 하드웨어: 로봇, 센서, IoT 장비, 서버 등
- 소프트웨어: MES, ERP, 데이터 분석 시스템
- 인적자원: 교육, 조직 개편 비용

2) 도입 후 절감 효과(연간 비용 절감 & 생산성 증가)

인건비 절감:
자동화 도입으로 인력효율 개선

- 연간 인건비 절감액 = (자동화로 대체되는 인원수) × (1인당 연간

급여 + 복리후생 비용)

불량률 감소:
품질관리 자동화로 재작업 비용 절감

- 절감 비용 = (기존 불량률 − 스마트팩토리 도입후 불량률) × 연간 생산량 × 제품당 제조원가

설비 유지보수 비용 절감:
예측 유지보수 도입으로 다운타임 최소화

- 절감비용 = (예측 유지보수 적용 전 평균 고장 횟수 − 적용 후 고장 횟수) × 1회당 유지보수 비용

재고 비용 절감:
실시간 데이터 기반 생산계획 최적화

- 절감 비용 = (재고 관리 최적화 전후의 평균 재고 비용 차이) × 연간 재고 회전율

3) ROI(투자 대비 효과) 분석

- 스마트팩토리 도입 후 투자금 회수기간
- 초기 투자 대비 연간 이익 증가율 예측

에필로그(Epilogue)

　글을 쓴다는 것은 평생을 바쳐온 노력과 땀내 나는 나의 얼룩과 흔적을 깨끗한 도화지에 그림을 그리듯 파노라마를 연출한다고 생각한다.
　다른 이의 책을 읽고 배움으로써 실패를 덜 하고 좀 더 빠르게 성공된 길로 갈 수 있다고 생각한다. 지금의 나는 이전보다 더욱 열심히 뛰고 있다.
　아직도 부족한 점을 배우고 실력을 키우기 위해 사이버대학을 다니며 주경야독하고 있다. 새벽에 일어나 수업을 듣고 출근하여 업무를 보고 퇴근 후에는 피트니스센터에서 운동을 하고 태국어, 중국어를 공부하고 때론 바쁜 업무를 처리하고 독서를 한다. 하루를 마칠 즈음에는 일기를 쓰고 명상을 하고 오늘에 감사하고 내일을 그리며 꿈꾸며 행복한 일상을 마무리한다. 이렇게 넘치는 에너지를 지탱하게 해주는 박사와 앤트, 코알라, 예쁜 토끼, 그리고 항상 마음으로 도움을 주는 분들과 곁에서 함께 노력하며 기쁨을 함께 나누며 응원과 축하를 해주시는 모든 분들께 감사드린다.

참고자료

한양사이버대학교 생산 및 서비스전략 과정
스마트제조혁신추진단
MARKKUS ROVITO - KR기사
https://velog.io/@corone_hi
http://www.itsco.co.kr
http://jisystem.com/MES
한양사이버대학교 ERP과정
한양사이버대학교 공급사슬과정
https://fastercapital.com
https://iuna.tistory.com
www.unbro.co.kr
스마트공장 추진단, 2015; 한국생산성본부 발표자료
https://www.codestates.com
https://www.hyvision.co.kr
https://www.themanufacturingoutlook.com
https://markforged.com
한양사이버 대학 경영빅데이터과정
https://azure.microsoft.com
www.intel.co.kr
산업혁신운동 컨설팅 표준방법론
NSC 학습모듈
https://www.jmac.co.kr
https://www.hanwhasystems.com
https://www.smart-hub.co.kr
https://seven00.tistory.com
http://m.sammicomputer.co.kr
https://cadgraphics.co.kr
https://dataonair.or.kr
https://blog.naver.com
https://sbtech-korea.com
https://catchkorea.com
https://www.costing.co.kr
https://www.workday.com
http://www.gmnetworks.co.kr
http://www.hitnews.co.kr
https://www.linkedin.com